U0592489

夏智库·新经济丛书

大消费

时代的商业模式变革

陈东贤◎著

经济管理出版社
ECONOMY & MANAGEMENT PUBLISHING HOUSE

图书在版编目（CIP）数据

大消费时代的商业模式变革/陈东贤著 . —北京：经济管理出版社，2017.7
ISBN 978 - 7 - 5096 - 5232 - 9

Ⅰ. ①大… Ⅱ. ①陈… Ⅲ. ①商业模式—研究 Ⅳ. ①F71

中国版本图书馆 CIP 数据核字（2017）第 170063 号

组稿编辑：张　艳
责任编辑：张　艳　张莉琼
责任印制：司东翔
责任校对：董杉珊

出版发行：经济管理出版社
　　　　　（北京市海淀区北蜂窝 8 号中雅大厦 A 座 11 层　100038）
网　　　址：www. E - mp. com. cn
电　　　话：（010）51915602
印　　　刷：北京晨旭印刷厂
经　　　销：新华书店
开　　　本：720mm × 1000mm/16
印　　　张：13. 25
字　　　数：168 千字
版　　　次：2017 年 8 月第 1 版　2017 年 8 月第 1 次印刷
书　　　号：ISBN 978 - 7 - 5096 - 5232 - 9
定　　　价：38. 00 元

推荐序 （一）

领域创新，新在游戏规则。

新商业模式的成功在于有多少人能拿出时间陪你玩！

思维语言行为的总和，道出了东贤咨询训练生涯十年磨一剑的精神。随着人类文明的进步，互联网时代的到来，世界商业格局发生了翻天覆地的变化，国内外商业模式更是层出不穷，各种创新与变革每一秒都在颠覆着当下的经济格局，各种角色更是粉墨登场，落寞与繁华交替上演。

金钱的存储与流动、时间与空间、主动与被动、茫然与追逐，一切的商业模式都随之改变。平台经济被看好，圈层、分割变成主流手法。

腾讯依托微信圈住 10 亿人，因为占有消费终端的时间而成功。

阿里"让天下没有难做的生意"一句话引来了一群粉丝，因为分割交易时间而成为霸主。

分享经济下的共享思维，ofo、摩拜等共享单车铺天盖地地占领了大街小巷，追捧是因为这就是共享之理念吗？

消费经济被认为是现阶段最有价值的方向。如何打赢这场终端之战，本书给出了答案，书中所提理念独特、诙谐，却也直指人心、人性，期盼读者与东贤多交流探讨，祝东贤创建的消费合伙人共生经济平台新商业模式能够为百姓带来更多的福祉，让分享变得更具有价值。

税勇

国务院经济研究中心高级研究员

国务院特殊津贴专家

2017. 4. 18

推荐序（二）

一个全民财富爆发的时代正在来临！只要你踏着时代的脚步，相信你会在行列之中。

财富是人类文明发展最重要的成果体现，财富的社会循环效率和动态属性则是社会进步的标志。人不能就个体而存在，因为人具有强烈的社会属性，是社会关系的总和。有什么样的生产力就有什么样的生产关系，而生产关系决定社会的运行模式，经济形态由生产关系形态的当时社会属性而决定。无疑，任何商业模式的创新与应用，都是社会生产力发展的结果，社会发展规律毋庸置疑。陈东贤先生所著《大消费时代下的商业模式变革》正是身处重大生产力变革时期，他经过多年的研究与实践，总结出了在当今大消费时代下经济力量的源泉与动力，创造性地提出了消费合伙人、分享合伙人的崭新理念，诠释了在消费经济理论中最核心的关系型元素，其用生动的实践案例为读者展开了消费时代崭新的思维逻辑与商业模式，这种探索性创新为社会经济的创新发展和社会的公平化参与，以及促进社会成果的价值效率都提供了有益的参考。

从社会经济发展与历史的视角去查找未来文明变革的蛛丝马迹，以生产工具的革命方向来重塑社会的经济关系，时代的变迁，给人以无限的想象空间，也给未来历史提供了无限可能。从马车到飞机、从电报到互联网等，无不在迅速地改变着人类社会人与人之间的距离与关系。新型的信息经济几乎消除了所有障碍，社会剩余价值的使用效率变成了分享模式，大大地提高了劳动成果的使用效率，极大地降低了社会使用成本，商品实现了价值最大化。

从商品供需角度来看，在供不应求的商品短缺时代，商品供应者说了算，消费者没有更多选择，这是卖方市场，利润被卖方全部垄断。随着生产技术的革命性进步，商品生产丰富乃至过剩，消费者选择决定了生产者命运，市场从卖方转移到买方，谁获得了消费者的青睐，谁就赢得了发展，消费者真正成为"上帝"。市场营销转变，出现大面积的折扣现象和抢夺消费者现象，利润分配走向公平化。当打折成为市场的一种普遍现象，原利润分配格局被彻底打破，消费者这种真正的市场原动力被动地绑架到了产业利润的再分配空间上，从而新型的由消费拉动的经济资源再分配模式不可阻挡地冲出了社会经济地平线，分享经济和共生经济模式呼之欲出。20 世纪 70 年代末至 2014 年，美国经济学家蒙代尔和法国经济学家让·梯诺尔，这两位诺贝尔经济学奖获得者均提出了消费资本理论来推演未来消费者参与社会生产利润分配的理论形态。在中国，如美团、滴滴分享模式等，都从单一领域探索了这种理论的初级模式并获得成功。而共享经济或者说共生经济则是更为纵深地开掘了消费者资源，从简单的消费行为转化成消费资源，这一转化大大地提升了商品的价值生命力。整合的商业资源，使产业资本最大限度优化，促进了商家的关系。而 B2C、C2F 等模式创造了消费合伙人模式、分享合伙人模式，消费者参与了社会生产的总收益分配，从根本上解决了市场动力和产业资本循环问题。

　　陈东贤先生不但是新商业模式的研究者，更是探索和实践者。他在业界被尊称为创业导师和咨询专家，曾指导过众多创业者，帮助过多家企业。细读他的著作，深感未来已来，脑洞大开，呈现一片不同的商业世界。他会告诉你，全新商业模式就在社会变革的关系之中，一个财富爆发的时代正在来临！

齐　谦

共生国际商业有限公司董事局主席

明天更好基金管理有限公司董事长

美国纽约新资本集团董事总裁

曾任香港和记黄埔集团高管

纳斯达克上市公司中国有机农业集团 CEO

曾参与中国平安集团和招商银行改制工作

2017 年 5 月，于深圳

序　言

世界上最大的财富隐藏在消费过程当中，消费市场就是一个庞大的"金矿"，生命不止，消费不息。而伴随着大消费时代的到来，企业挖掘"金矿"的价值显得十分必要，这就必须进行商业模式的创新。

什么是商业模式？简单来说，商业模式就是盈利的路径和方法，就是创造可持续盈利的模式。作为今天的企业家，如果企业没有商业模式，你的企业将很难持续发展。企业创造可持续盈利的模式，就需要更有效地整合内外部资源。那么，如何有效地整合内外部资源，创新商业模式？本书为我们提供了可行的路径。

我们说世界上最大的财富隐藏在消费过程中，这里面涉及两个概念：消费行为和消费资源。例如，一个消费者在一年之中的所有时间段、所有区域内的消费总额为10万元，但是在你的店里一年只是消费了1万元，那么，这1万元钱就是消费行为，这10万元就是消费资源。毫无疑问，如果你的商业模式只赚取消费行为的钱，那你只能获得有限的利润；而如果你的商业模式能够赚取消费资源的钱，则获得了所有利润。

由关注消费行为向关注消费资源的转变，实现消费行为和消费资源的统一，这才是成功的商业模式。

前　言

实体商业变革的大趋势：场景化、社交化、定制化、精准营销

　　随着收入水平的不断提高，中国居民的消费需求已经发生实质性的转变，开始大步迈进新消费方式升级的"大消费时代"。而引领中国消费市场升级的主要推动人群——中产阶级，一直是品牌商青睐有加的目标客群，统计显示中国的中产阶级人数已经达到 1.09 亿，预计到 2025 年中等收入家庭户数增速将超过 50%。在大消费时代，中产阶级消费者不仅追求物质需求更高享受，同时在品位、体验及文化层面等方面有更加个性化的精神消费诉求，品质消费和特色消费将成为未来消费的重要趋势。

　　未来实体商业将呈现四大发展趋势：一是场景化，电商倒逼实体商业场景化升级；二是社交化，社交化推动社会化电商营销渠道；三是定制化，中产阶级个性化诉求催生细分业态定制化服务；四是精准营销，"互联网 + 大数据"助力实体商业精准营销。而用户体验是四大发展趋势的核心理念，通过场景化、社交化、定制化、精准营销为消费者创造独特的用户价值，提升实体商业的用户体验将是未来的主流趋势。在未来，电商的蓬勃发展将倒逼

实体商业更加注重场景化，通过场景化的运营及营销，将消费者的消费潜力进一步扩大。

中产阶级带动的"大消费时代"已经来临，场景化、社交化、定制化、精准营销的未来发展趋势已经显现，对此你接受也得接受，不接受也得接受。我们唯一能做的事情是：看穿它们、适应它们，并变革自己的商业模式。

为了应对当前消费方式升级的"大消费时代"，把握未来场景化、社交化、定制化、精准营销的发展趋势，本书从以下几个方面展开：企业应该用积极的态度来拥抱大消费时代；积极变革已经陈旧的商业模式；学习借鉴典型消费品类的商业模式变革成功经验；紧紧抓住由关注消费行为向关注消费资源的转变这个商业模式变革的核心；探讨大消费时代商业模式变革的两大原理——消费合伙人和共生经济；积极进行商业联盟，把握好用户体验这一核心；发展社群电商；创新变现模式。只有在这些方面通过不断努力，才能把握实体商业变革的大趋势，才能真正拥抱大消费时代，最终实现梦想的腾飞。

目　录

　　大消费是消费需求的升级，即从基本消费需求到意识需求的提升，预示着大消费时代的来临。需求升级的大消费直接改变了消费者的消费习惯，而带来的商机也是巨大的，消费结构升级也在驱动着相关产业的生长。本章诠释了大消费及其新消费理念，分析大消费时代的三个显著特点，透视消费观念和消费行为变化的原因，解读消费加速升级期的五大动向，旨在强调企业应该用积极的态度来拥抱大消费时代，努力实现梦想的腾飞。

　　以分享经济为代表的生产技术的革新正悄然而至，将带来一场"消费关系"的大解放。本章着重讨论了这样几个议题：消费结构变化引发的商业模式变革；互联网思维下商业模式变革及背后的逻辑；吸引消费人群，用粉丝经济构建商业模式；大消费时代商业模式变革的核心是从营销到赢销；用"1P"及"3P"实现共生、共创、共享、共赢。在这个崭新的消费时代，传统的消费理论和经验都无法满足当今的消费市场，因此商业模式必须实施变革，以适应大消费时代。

第三章 典型消费品类的商业模式变革及案例……………… 35

消费是生活的依附。消费品的发展没有消亡的时刻，有的仅仅是更新换代的商业模式的演变。本章选取文化消费、旅游消费、养老消费、快消品消费、婴童用品消费及消费保障体系几个方面的商业模式变革及案例，旨在帮助企业经营者准确把握消费品类的商业模式变革脉络，以期助力企业在这个领域有所作为。这些模式的成功与否，就在于是利于小众还是利于大众。

第四章 变革的核心——由关注消费行为向关注消费资源的 转变 ················ 61

　　商业模式的变革要从关注消费行为向关注消费资源转变，其核心在于实现消费行为和消费资源的统一。为此，本章以独特的视角分析了商业模式变革下消费行为和消费资源的内涵，揭示了企业之所以原地踏步的根本原因，主张商业模式设计"利众生、利百姓"的理念，强调"吃自己的饭，用别人的碗"，即合法利用别人的资源成就自己，指出传统企业运用大数据整合资源、实现突围的商业模式变革路径。

第五章 商业模式变革的两大原理：消费合伙人和共生经济 ······ 71

　　消费合伙人和共生经济是大消费时代商业模式变革的两大原理。所谓消费合伙人，就是具有同一消费理念和经营理念，以人为本，以人为善，希望通过共同打造大消费时代的消费生态圈、享受合伙组织内会员价消费的合作伙伴。共生经济是指独立的经济组织之间以同类资源共享或异类资源互补为目的形成的共生体，这种共生体的形成所导致的经济组织内部或外部的直接或间接的资源配置效率的改进。

第六章 商业模式变革的两大路径：商业联盟、用户体验

失败的商业模式，有的是因为商业模式设计本身有缺陷，有的是对利益相关者考虑不周全，可更多的是商业模式设计偏离了商业的本质。那么，如何选择商业模式设计路径？一是商业联盟，二是用户体验。只有这样的商业模式，才能很好地满足人类的需求。

第七章 社群化是传统电商模式变革的方向

社群电商是传统电商或者移动电商的深化延伸，是商业意识形态的觉醒，

具有强大的生命力和值得期待的未来，因此它是传统电商模式变革的方向。为了深入理解这一新型商业模式，本章内容进行了广泛深入的讨论，议题包括：传统电商消亡，社群电商崛起；社群经济的表现；社群电商的价值体现及关键词解读；社群商业"内容＋社群＋商业"的商业模式；社群商业变现模式；社群电商的未来发展趋势。这些议题对我们在大消费时代进行商业模式变革意义重大。

数据的变现，就是把不同属性的数据应用到各个场景体现新价值的过程。变现，既是一种能力，也是提升数据价值的基础。那么，要想实现大数据变现都有哪些商业模式呢？本章介绍了大数据下商业变现的九种模式：B2B 大数据交易所；咨询研究报告；数据挖掘云计算软件；大数据咨询分析服务；政府决策咨询智库；自有平台大数据分析；大数据投资工具；定向采购线上交易平台；数据征信评价机构。

第一章　迎接大消费时代的来临

　　大消费是消费需求的升级，即从基本消费需求到意识需求的提升，预示着大消费时代的来临。需求升级的大消费直接改变了消费者的消费习惯，而带来的商机也是巨大的，消费结构升级也在驱动着相关产业的生长。本章诠释了大消费及其新消费理念，分析大消费时代的三个显著特点，透视消费观念和消费行为变化的原因，解读消费加速升级期的五大动向，旨在强调企业应该用积极的态度来拥抱大消费时代，努力实现梦想的腾飞。

大消费及新消费理念

随着经济的发展，中国消费正在向第三次升级迈进，目前中国消费需求正在发生实质性转变，已向房地产、汽车和医疗保健"新三大件"转移，同时在这第三次消费升级的过程中，旅游、高端白酒、乳品、葡萄酒、平板彩电等电子行业龙头及以3G、互联网有线电视为代表的新一代通信产品，文化传媒、电子信息等创新性消费概念产品及服务，给人们的消费带来多样化。

★中国消费结构的三次升级

改革开放以来，我国出现了三次消费升级，推动了经济的高速增长，消费结构的演变带动了我国产业结构的升级：

第一次消费结构升级出现在改革开放之初。此时，粮食消费下降、轻工产品消费上升。这一转变对我国轻工、纺织产品的生产产生了强烈的拉动作用，带动了相关产业的迅速发展，并带动了第一轮经济增长。

第二次消费结构升级出现在20世纪80年代末至90年代末。在这一阶段的前期，"老三件"（自行车、手表、收音机）和"新三件"（冰箱、彩电、洗衣机）分别是温饱和小康生活的标志性消费品，作为一种时尚受到消费者的青睐，并带动了相关产业的迅猛发展。随着经济的进一步发展，后期阶段的消费特点是：家用电器消费快速增加，耐用消费品向高档化方向发展，大屏幕高清晰度彩电、大容量冰箱、空调、微波炉、影碟机、摄像机成为城镇居民的消费热点，普及率进一步提高。这一转变对电子、钢铁、机械制造业等行业产生了强大的驱动力，带动了第二轮经济增长。

第三次消费结构升级是目前所处的阶段，也就是所说的"大消费时代"。消费结构的升级转型正驱动着相关产业的增长。在这一过程中，增长最快的是教育、娱乐、文化、交通、通信、医疗保健、住宅、旅游等方面的消费，尤其是与 IT 产业、汽车产业以及房地产业相联系的消费增长最为迅速。

中国消费结构的每一次升级，都直接改变了消费者的消费习惯，而带来的商机也是巨大的，消费结构升级也在驱动着相关产业的生长。

★什么是大消费

所谓大消费，是指为了满足个人日常生活所需，购买、使用商品或接受服务的直接或间接的行为，大消费类行业包括消费行业以及与其密切相关的其他行业。

★大消费时代的新消费理念

在大消费时代，中国人的消费理念从最初的注重产品本身质量的理性消费时代，过渡到重品牌、重式样、重使用的感觉消费时代。但随着社会经济的发展，当前消费观念已经出现再次改变的趋势，即消费者对商品的关注点已经不单是质量、价格或者品牌，而是在购买和消费过程中商品和服务是否能够带来精神上的满足。人们的消费观念的这一变化，从一定意义上说，是一种消费上的进步。

在消费需求升级的大背景下，消费者更看重产品功能体验之上的附加价值，如品质、健康、社交、仪式感和参与感、个性化与定制化，这些附加价值的侧重往往会达到"一白遮百丑"的效果，使得消费者对商品的其他方面选择性"失明"。

消费升级并不完全是消费者的意愿，事实上，那些受过良好教育的中产群体，其消费更加精明，依然是本着一个"性价比"的消费行为，不仅是"不买便宜货"了，而是要求"货买得便宜"，只不过对商品价值和价格的内涵发生了改变。在商品价值方面，过去更多的是讲商品的质量性能、功能体验。而现在，人们更强调产品本身价值之上的附加价值，比如因他人的看法而产生的社会价值。在商品价格方面，过去更多的是强调商品的价格优惠，而现在，人们更注重的是通过限时限量特价定制所带来的稀缺感，是通过多种途径获取的各种信息节省自己在挑选商品的时间、精力成本。而具体的价格，正如美国著名书评专栏撰稿人威廉·庞德斯通在《无价：洞悉大众心理玩转价格游戏》中所描述的那样，消费者永远无法评估一个商品的绝对价值，只是通过不断地比较和参照同类商品，大致评估商品的主观价格。

大消费时代的三个显著特点

大消费时代有几个值得关注的点：第一，个性化消费时代已经来临；第二，体验式消费正在席卷中国的一、二线城市，并正在逐步占领三、四线城市；第三，品质消费时代已经全面降临。这也是大消费时代的三个显著特点。

★个性化消费

个性化消费是指消费者出于自身收入水平、知识水平的提高而使得消费者的行为更加成熟，消费需求更加复杂、消费心理更加稳定；消费者购买商品不再只是满足对物的需求，而主要是看重商品的个性特征，希望通过购物来展示自我，达到精神上的满足。

个性化消费主要有三个特点：一是注重心理满足。心理满足是相对于生理满足而言的。消费者首先满足的是日常的衣、食、住、行需求中最基本的部分。在个性化消费时代，消费者更注重心理需要，以心理感受作为衡量消费行为是否合理、商品是否具有吸引力的依据，在消费时，追求个性、情趣，以获得心理的满足。二是强调商品或劳务服务质量的要求。传统消费方式下消费者关注的主要是"货真价实"，对购买过程和消费过程很少关注，现代消费者则开始享受购物过程，注重商品购买过程中、使用后的服务与信誉，关注商品的时尚性、独特性和安全性。三是注重消费的文化内涵。消费者在消费时，注重商品的新颖和流行时尚，注重商品的欣赏价值及艺术价值，追求品牌所蕴含的文化特质，追求商品展示自己个性的要求。

几乎所有的产品，只要有相对应的痛点，就会有相对应的用户群，满足个性化需求将会引领未来消费。显然，个性化消费要求企业的组织经营原则必须与之相适应。

★体验式消费

体验式消费就是以客户为中心，通过对商场、产品的安排以及特定体验过程的设计，让客户在体验中产生美妙而深刻的印象，并获得最大程度上的精神满足过程。体验是对某些刺激而产生的内在反应。体验不仅仅是外部的感觉，也是在体验的过程中能产生交易的行为，这才是一个真正的体验式消费。

体验式与传统式不同之处在于体验式可以让顾客轻轻松松地去亲身感受，而传统式就达不到这种效果。体验式可以做到让人没有任何担心去体验它、触摸它，从而达到一个体验的机会。现在的手机数码店为了吸引顾客都是采用这种使用体验式营销模式，手机店利用手机防盗报警器来对手机本身进行外观展示，在节约成本的同时还大大减少了空间，这在人力和物力上能节省很多成本。

体验式消费，能让客户在体验过程中享受到一定的乐趣。我们要抓住体验式消费能给顾客带来什么，在这之中能享受到什么，这些都是值得我们深思的，所以说体验式消费是我们现在提倡的。

★品质消费

所谓品质消费，就是注重品牌内涵和文化的消费，一般体现在特定的"品质人群"身上。按照新生代市场监测机构与航美传媒于 2012 年 9 月间联合发布的《中国品质人群生态研究报告》的观点，"品质人群"认为品牌的内涵和文化同样重要，对于品牌的消费，他们更重视的是品质而不是品牌本身。

随着新媒体的发展，消费者获得信息的渠道多元化，消费者在不断成熟、消费智慧在不断升级，消费者开始对符号消费进行重新的认识和反思，他们在追求产品价格的同时，更加注重产品的实用性、安全性和产品质量；在追求品牌的同时，开始注重对消费体验、品牌文化和内涵的多元化追求；在追求物质生活丰富的同时，开始注重精神生活的充实；在解决实际需求的同时，开始注重在各方面对生活品质的提升。一批先锋型消费者开始带领着整个社会消费从品牌化、符号化向品质化、精致化转型。他们的消费理念同样也会影响着更多的大众消费者。

品质消费带来的消费品质量标准的提升，正在倒逼"中国制造"全产业链升级。

消费观念和消费行为变化的原因

消费是指利用社会产品来满足人们各种需要的过程。它既是社会再生产过程中的一个重要环节，也是最终环节。随着人们收入和生活水平的提高，消费已经从传统的满足基本衣、食、住、行的消费向满足更高层次身心健康需求的消费转移，这不仅包括消费观念的变化，也包括消费行为的变化。分析消费观念和消费行为变化的原因，理解其背后的逻辑，对我们迎接大消费时代不无裨益。

★消费观念变化的原因

消费观念是人们对待其可支配收入的指导思想和态度，以及对商品价值追求的取向，是消费者在进行或准备进行消费活动时对消费对象、消费行为方式、消费过程、消费趋势的总体认识评价与价值判断。消费观念的形成和变革是与一定社会生产力的发展水平及社会、文化的发展水平相适应的。

大体来说，导致人们消费观念变化的原因有这样几个：第一，随着生产力的发展，我国经济水平的不断提高。第二，体现享受与发展需求的住房、健康、教育、休闲、交通、通信等支出的比重迅速上升。第三，人们更加注重通过消费提升生活品质，追求更加健康文明的生活方式。第四，受西方教育文化的影响，生活观念有所改变。第五，互联网正在改变着中国人的消费观念，这方面的一个重要体现就是每年"双十一"海量网购业务的不断扩大。尤其重要的是，新的消费习惯和观念，已不再是年轻人的"专利"，大量的中老年人也在逐步加入到网购和互联网消费的行列中；也不再是城市人的"专利"，大量的农村人也开始学会利用网络来选购自己喜欢的商品。

★消费行为变化的原因

消费行为也称消费者行为，是消费者为获得所用的消费资料和劳务而进行的物色、选择、购买和使用等活动。

购买决策是一个动态过程，而且购买决策的有效行为会随着消费者的特点和环境的变化而变化。也就是说，消费者行为既受到个人需要、认知、学习、态度等心理因素和年龄、生活方式、自我形象、个性等个人因素的影响，也会受到家庭、参照群体、社会阶层和文化因素的影响。第一，文化因素。文化和社会阶层等文化因素，对消费者的行为具有最广泛和深远的影响。文化是人类欲望和行为最基本的决定因素。第二，社会因素。网购是一种流行趋势，一种年轻的时尚，消费者的从众心理也会导致消费行为的变化。第三，个人因素。消费者购买行为受其所处年龄阶段、职业、经济状况、个性及自我观念影响。第四，心理因素。消费者个人的动机、学习以及信念和态度等是消费行为主要的心理影响因素。

消费行为的变化导致整个产销方式的改变，这对于消费者而言是有利的，但对于生产商有利也有弊，它降低了生产商直面客户的门槛，只要有产品，就能直接找到客户，而不再像以前一样只能依附于渠道。

消费加速升级期的五大动向解读

我国已进入消费加速升级期，旅游、文化、体育、服务、养老产业快速发展，既拉动了消费增长，也促进了消费升级。种种迹象表明，城乡居民消费水平正在经历从以往的大规模、同质化消费，向差异化、高品质消费转型。

★ "玩" 出来的大产业

"上车睡觉下车拍照的旅游方式早过时了，一定要玩出个性、玩出品质"。在手机应用上订机票，在 Airbnb、住百家等境内外在线平台上选民宿，上网 "租" 个导游……这已经成为旅游爱好者蓝迪的休假常态。

定制化、个性化的旅游产品受到越来越多游客的认可。因真人秀节目走红的广州长隆旅游度假区，在主题公园领域多项指标上连续超越香港迪士尼，2015 年接待游客 2780 多万人次。

大众旅游时代已经到来。中国旅游研究院院长戴斌指出，在 2015 年市场数据中，旅行社组织的游客数量在全部国内旅游市场份额中只占不到 3%，绝大多数游客更青睐自由行。

中青旅控股股份有限公司董事长康国明分析说，老百姓对旅游产品的个性化、精细化需求，迫使旅游企业跟踪和捕捉市场的细微变化，加速技术创新、产品创新，增加新供给。

★ "互联网＋文化"形成新经济"旋风"

在文化产业领域，除了文创产品外，电子书、网络视频、游戏等产品市场也都非常活跃。越来越多的人愿意为在线文娱产品付费。据网络广播平台"喜马拉雅FW"透露，热门有声书的收听人次能够超过2000万，最畅销的能够达到8000万至1.5亿人次的收听量。

直播行业是2016年异军突起的新秀。越来越多的优质文化版权产品借助于互联网直播平台，以灵活的方式实现传播和销售。广东汕尾的"90后"女孩庄心妍，以网络直播方式，把自己的歌发布到了音乐直播平台"繁星网"，她在酷狗网首发的数字专辑的销量突破15万张。

互联网与文化的深度融合，已成为不可忽视的经济新势力。以影视行业为例，互联网颠覆了传统的创作、融资、宣传、发行等环节。越来越多的版权来自网上热传的游戏、动画、文学作品。

★ 体育消费成大众时尚

如今，越来越多的人喜欢在微信朋友圈晒自己的全天步行数及健身计划进度。公开资料显示，全国常年参与长跑活动的人数超过1000万。《2016中国体育消费生态报告》显示，2015年京东用户体育消费金额比2013年增长了4.6倍，其中运动手环、跑鞋、运动手表等体育装备的销售额增长尤为迅猛，与游泳、垂钓等相关的销售额也一路上行。

冬奥会热潮效应逐渐显现，冰雪运动持续升温。2013～2014年，黑龙江亚布力滑雪场景区接待游客数量为18.5万人，2015~2016年增至超过45万人。我国体育产业未来发展潜力巨大。

★服务业的优势在不断显现

从对经济发展的贡献来看，服务业对中国经济的支撑作用将不断加大。2016年上半年的中国经济增长有两个特点：一是最终消费支出对国内生产总值的贡献率达到73.4%；二是第三产业增加值占到国内生产总值的54.1%。在中国的城市化进程中，服务业的增长非常明显，北京市的服务业占比接近80%，高于全国平均水平29.3个百分点；上海市的服务业占比也提高到了67.8%，服务业从业人员占总从业人员的比重超过60%。在向消费和服务业拉动型经济转型方面，沿海地区、民营经济发达的地区增长较快，广州、深圳和杭州等地区城市，服务业占比已超过60%。

随着中国向消费社会转型，政府和企业都在发展思路、政策以及资源准备上进行调整，主动迎接这个新时代。2016年10月14日召开的国务院常务会议指出，几年来采取的一系列政策，有力地推动了消费增长，促进了服务业发展和制造业品质提升，支撑了经济转型升级。

中国服务业发展的需求极大，不管是生产性服务还是生活性服务，尤其是教育、医疗、旅游、金融、信息、养老、娱乐、休闲等多个服务业领域，都有巨大的产业发展空间和市场空间。

★养老消费市场成投资风口

居家养老的老人，尤其是独居老人，万一出现突发状况怎么办？

在上海的一家居家养老服务中心，有专人负责监看全市10多万户老人家庭的实时数据。一旦老人按下随身携带的"紧急救助"报警器，或者传感器监控到水管或煤气泄漏，工作人员会第一时间联系老人，上门服务。这家养老服务机构是一家民营企业，自从 3 年前进入养老产业，企业已经投入近 30 亿元。

普华永道发布的全球养老产业趋势报告预测，"十三五"期间，中国养老市场消费将超过 10 万亿元，年均增幅达到 17%。我们已经看到，一些国内企业正在加快布局养老产业。万科集团养老业务负责人王永飚表示，万科从 2010 年起就开始在北上广深等地启动了养老地产项目。

中国养老产业还吸引了国际资本关注。在浙江乌镇，由美国 IDG 资本、红杉资本联合国内云峰基金投资 75 亿元的养老产业园区已初具规模。法国四大养老院品牌之一的高利泽集团将未来 5 年内的投资重点放在中国老年住宅、老年护理员培训以及失能失智老年养老机构管理等领域。

总的来说，人们的生活方式正在发生从满足刚需到追求品质的转变。需求侧的"品质革命"也在不断倒逼着供给侧的市场变革。比如，作为家电行业"老兵"，四川长虹曾被对手逼至墙角，但消费需求升级带来了机会，凭借多年的用户数据积累，长虹智能电视在业内率先实现个性化内容精准推荐，后来又相继推出一系列智慧家庭产品，逐步掌握市场主动……新的消费时代已经到来，国产品牌将在品质保障和品牌提升的倒逼下加速优胜劣汰。

第二章　大消费时代呼唤
商业模式变革

　　以分享经济为代表的生产技术的革新正悄然而至，将带来一场"消费关系"的大解放。本章着重讨论了这样几个议题：消费结构变化引发的商业模式变革；互联网思维下商业模式变革及背后的逻辑；吸引消费人群，用粉丝经济构建商业模式；大消费时代商业模式变革的核心是从营销到赢销；用"1P"及"3P"实现共生、共创、共享、共赢。在这个崭新的消费时代，传统的消费理论和经验都无法满足当今的消费市场，因此商业模式必须实施变革，以适应大消费时代。

大消费时代传统商业模式的弊端

传统商业的发展历史悠久，存在的形态也十分丰富，有百货店、超市、便利店以及专业店面。这些不同商业存在的形态都有其存在的必要性。而随着大消费时代的来临，传统商业模式的弊端就显现出来了，它的不足之处有以下四点：

★ 生产制造方面的不足

传统商业模式中制造商直接与中间商、零售商对接，而不是直接与消费者直接对接，所以生产商不能第一时间了解到消费者对产品的需求、建议以及评价等，从而具有一定的滞后性。

★ 运输环节的不足

由于传统商业模式在运输环节上的欠缺，使其的交易成本增加，从而导致产品价格较高，这使得其竞争力下降，不利于企业的发展。

★ 成市方面的不足

生产商到中间商再到零售商最后到消费者的销售模式明显不能满足人们现在的生活需要，这种传统模式与生产商直接到消费者的无店铺的电商模式比较而言，浪费了大量的人力、物力、财力。

★销售方面的不足

伴随着人们时间观念的增强，越来越多的人不愿用传统的购物方法来购物，相对于电子商务而言，传统购物方法既费时间又要花费大量的精力，并且还不一定可以购买到自己中意的产品；而传统商业还要雇用大量的销售人员，这无疑会增加企业成本，所以传统商业模式在销售方面有着无法回避的不足之处。

大消费时代是追求个性化消费、体验式消费、品质消费的时代，要想与此相适应，传统商业模式必须尽力弥补不足，针对消费结构新变化来创新适合外部环境和内部运营的商业模式。唯有如此，才能跟上时代的脚步并获得新的发展。

消费结构变化引发的商业模式变革

随着我国进入工业化中后期，消费结构开始由物质型消费为主向服务型消费为主转型。消费结构的变化，催生旧有商业模式调整、变革甚至颠覆。

★消费需求的新变化是商业模式变革的原生驱动力

消费者产生了巨大变化，催生了新兴多元化的消费需求，其中最为典型的就是消费需求的新变化。总体上看，"80后"、"90后"人群消费面广、新产品接受能力强、品牌认知度高，从过去的实用性、功能性需求，走向体验性需求；从吃、穿、用，转移到娱乐、购物休闲、信息服务、生活服务；注重安全、健康、享乐、时尚。

由于消费需求的新变化，不同变革方式要求不同的关键资源能力。家电领域的关键资源能力在于具有"互联网思维＋执行力"的管理层；食品饮料领域的关键资源能力在于具有强大的品牌力；轻工领域的关键资源能力在于适应互联网的产品创新能力；旅游领域的关键资源能力在于商业模式重塑，上游要有采购能力，中游内部要具备生产能力，下游营销要具备渠道能力；商贸零售的关键资源能力在于要进行"渠道变革＋商业模式"重塑，注重买断经营能力，消费者服务能力。

★商业模式变革六大方法论

所谓的商业模式是企业在什么时间点，在什么阶段以什么样的方式盈利。一个好的商业模式应该具备以下六点：

一是目标客户。所有优秀的商业模式一定是抓住了其目标客户的隐性核心需求。很多创业伙伴经常容易犯的一个错误是，他们只锁定了目标人群，但并没有深入到用户群体客户素描核心的画面，也就是我们所说的应用场景。

美国一家做医疗器械代理和医疗服务的公司 CEO 在他的自传里面写到了一个重要场景，描绘他如何获得隐性需求。CEO 本人喜欢喝点小酒，所以他也经常去找医院的院长去喝酒，喝酒的时候他就会问院长们需要什么，有什么需求。问了近三年，一直没有问到一个让他怦然心动的隐性核心需求。直到有一天，一个院长喝多了酒，轻描淡写地说了一句："你知道吗？我当院长 18 年，最痛苦的一件事，就是我医院配的药吃死人。"听到这里，大家可能觉得吃药吃死人是一个特小概率的事。可这个 CEO 回去后就立马开始找数据，但因为医院是给民众建的配套福利，所以数据根本就没有被广为报道过。经过不断收集研究，他发现每年美国医院因为吃药和医疗手术器械拿错而把人致死的数字，是交通事故的两倍到三倍。

紧接着这个 CEO 做了很多布局，首先他研发了一套药房抓药的管理系统。其实医院的医生抓错药的概率比较小，药吃死人的主要原因就是药跟药之间的化学成分冲突。所以他做了大量在医疗上化学元素匹配的研究，建立了大数据库。这样当医生抓错了药，在所有使用这个系统的客户端都会报警。加上医院还是有很大资金自主使用权，后来许多家医院都买了这个系统。

因为对医院的熟悉，他也充分了解到，做一次手术，从采购部门到备库，到把手术器械准备齐全，再到最后执行手术，整个过程很容易出现差错。比如之前有报道病人肚子里被缝了一个棉球、镊子。所以他又做了一件事，开了一个商城，这其实是一个很庞大的系统。每家医院在手术前半个小时下单，商场在规定时间内准备手术所有所需材料。这一点，让他的公司发展成世界500 强。

这个案例启发我们：去研究客户你不如研究你的非顾客。与其天天花大量的时间去研究什么样的人需要你的产品，不如想想在这样一个行业里面，有哪些人只不过因为没有创新者出现，不得以只能采用这种服务。找出来这就是你的创新点。就像男人于女性内衣店而言就是拒绝型非顾客。你有没有想过，如果能让这些拒绝型非顾客走进女性内衣店，你就成功了。没有想象中的那么难，香港有一家上市公司就做到了，他们不是让穿的人去买，而主打的是男士的送礼需求。

二是收益倍增。现在很多创业者认为一个好的想法就决定了一切，实际上并不是。如今在大家的想法都趋同的环境下，你的商业模式如何能够脱颖而出呢？如果今年要实现200%于去年的收益，明年还要200%于今年，这一定是通过你所采取的商业模式中盈利模型的重组和创新才能够实现。

星巴克在咖啡连锁经营行业内，可以说是战无不胜。但在很多年前，星巴克在中国台湾却被一家当地企业在经营数据上打败，这家企业叫85度C，其做了什么创新呢？在盈利环节上，星巴克卖品质非常好的纯正咖啡，售价30多元钱一杯，一杯咖啡的毛利是非常高的。因为主要是通过销售咖啡去盈利，咨询团队想过，要不要去拓展不同盈利产品，比如说卖面包等。但星巴克认为面包的香味或者其他食物的香味会影响咖啡的味道，所以直到今天，星巴克只有没味道的、冷藏的面包，这样才不会影响咖啡的味道。但是85度C只有10平方米的店面，消费者买完咖啡就走，而不是坐在那儿喝咖啡，这样就把成本降下去了。光实现这一点，其实一点都不值得兴奋。它又做了一个盈利环节重组，一杯跟星巴克差不多的咖啡只卖8块钱。8块钱一杯的咖啡也就是成本价，把星巴克主要价值变成了附加价值。85度C更多的是在卖自己的面包，一个面包卖10块钱，而面包的成本比咖啡低得多。就这样，85度C在区域市场击败了世界500强的星巴克。

三是思考革命性降低成本。真正好的商业模式不光是收益增加，还要考虑成本要革命性降低。同样道理，成本革命性降低，并不是指去把员工的工资降一降，把日常的运营成本降一降，把该发的年终奖扣一扣，而是应该建立好的商业模式。

连锁酒店如家不仅是革命性地去除了平价旅店的大堂，它甚至连五星级酒店的大堂和会议室都去掉了。如家只干两件事，一件是在不同的城市营造一样的家，另一件是想方设法让客人睡好。

四是可复制性。如果一个企业想要做大做强，核心的一点就是要去想如何在复制自己的同时，别人却复制不了你。如果你能做到这一点，那么企业就能不断地发展强大。

当年的思科一台设备毛利率高达 70% ~ 80%，同期，清华紫光也曾风光一时。当时路由器非常火，一帮清华大学学生踌躇满志地说我们要研发超一代的路由器，清华紫光花了好几个亿，用了一年多时间，终于出来一台，甚至他们认为超越思科最尖端的路由器半代以上，这帮人马上说市场属于我们了，中国的民族品牌有希望了。然后去搞新闻发布会，在新闻发布会的当天思科就发布一条消息，正式推出第五代路由器技术，那帮人听完都傻了。思科从来都不曾把自己最尖端的产品推到这个市场上，技术壁垒永远储存三代以上。这就是大企业商业模式当中的技术壁垒，非常核心，让别人复制不了。

五是控制力与定价权。真正优秀的商业模式不光让竞争对手进不来，让大的产业资本进不来，还需要对客户实施控制力与定价权。

东阿阿胶常常会提价，比黄金还贵。其实，东阿阿胶一直在做一件事——养驴。中国可用于生产阿胶的驴的围栏数，最鼎盛时期东阿阿胶占到了 70% 左右。当这种上游资源被它牢牢控制的时候，价格定价权就在它身上。所以，我们要从这些角度出发去设定未来实现定价权的道路。

六是系统性价值链。首先一定要具备平台思维，再从平台思维到具备生态思维，现在顶级的、顶尖的大佬们都在构筑系统性价值链，即生态思维。

苹果就有"软件 + 硬件"的商业模式，通过软件做切口，把人绑定；通过所谓的商城，每一个客户的应用需求在自己的生态里面得到满足。如果你只是切入到某一类需求，比如淘宝就叫平台，而不是生态。生态是延展到你生活的各种产品。所以一种能够真正将我们的客户绑定在平台上，同时能够去左右其他的应用场景，是非常关键的，也是非常具有想象空间的。再比如，无论是做媒体类、做产品类，还是做分销，它都可以。我们一开始也需要具备这样的一种从应用思维到平台思维，再到生态的思维。

所有的创新都来自可能，所有的创新都来自自己的深信不疑。在消费结构已经发生巨大变化的今天，创新的商业模式会让企业再生。

互联网思维下商业模式变革及背后的逻辑

不同的行业、不同的企业发展阶段都会造就不同的商业模式，没有最优和最差的可比性。从某种程度上说，每一个商业模式都有赖于行业属性不同所带来的用户体验方式的不同，只是当所有人都认同互联网将会是下一个直接影响企业商业模式转型的关键因素时，企业更关心的问题就是：我们的用户是谁？我们能为这群用户做什么？事实上，新技术如果和互联网结合一下，会有不少新的商机出现。在这里，我们借助一些品牌实例，归纳一下互联网思维下的商业模式及背后的逻辑。

★提高用户的黏性

基于现有的业务，利用互联网平台为用户提供增值服务来提高用户的黏性。比如招商银行的 APP "掌上生活" 所提供的增值服务那样，它并未从根本上改变银行的业务，而只是利用互联网创造了一个崭新的服务平台，为用户提供生活、消费和金融方面的衍生性服务，它本质上是招商银行传统理财和交易 APP 的衍生和补充。

这种商业模式背后的逻辑是，互联网是为用户提供差异化体验和品牌偏好的手段。因为原则上，银行并非是彻头彻尾的互联网金融代表，传统业务和线下网点仍然是用户的体验主体；同样，互联网延伸服务平台并非是营收主体。

★一站式服务

基于用户的实际需求，让互联网平台变成一站式服务的主体。比如东方财富网是基于客户对于投资的关注和需求而建立的互联网平台。初期，它依靠"股吧"这个特殊的社区来建立用户群；中后期，它针对用户在投资这个领域里相关性很高的需求提供网上交易平台，如证券开户和交易、基金筛选和买卖等，并且所有这些业务均成为平台营收主体，是典型的互联网金融的代表。

这种商业模式背后的逻辑是，利用互联网这个平台，为用户相关性很高的需求提供一站式服务，而在完成交易的同时，通过"股吧"这个特殊社区建立用户交流的平台，创造高流量，赢得用户和提升体验。

★创新用户需求

依靠互联网平台，聚焦用户，创造新的用户需求。成功的互联网思维下的商业模式，正在让不可能成为可能。LinkedIn 的用户群定义非常精准，表面看来，它只是一个供职场人士互相关注和交流的社交平台，但是它不仅仅局限在查找友人、建立链接，以及发布一些自己动态的简单和传统用途上，而是建立了一个真正意义上的可以变现为商业用途的社区。因为他们相信，职场人士的社交，最终的目的是寻找潜在的商务合作的机会。

这种商业模式背后的逻辑是，特定用户的需求是多元化的，而互联网恰恰可以打破地域和时空的界限，为人和人的社交以及商务合作创造新的入口和"生态圈"，并且这种生态圈内的交流和合作是可以依靠互联网实现一对一的精准沟通，而非泛泛的信息量的堆积。同时，营收主体从个人用户延伸到企业用户。

★链接个体

互联网让每个人成为移动的个体，通过链接个体创造非凡。打车软件Uber，正在颠覆我们对于互联网思维下实现无限商业可能的想象力。有人认为，Uber 只是一款链接司机和乘客的打车软件，但是由于其目标客户的精准设定，以及依靠技术和大数据实现的自动筛选和分配、定时到达、差异化车型体验带来的用户区隔等特点，慢慢在建立一个特定的"生态圈"。在这个生态圈里，用户不仅可以实现打车、租车的显性功能，同时还可能发展到代驾、送餐、快递、人才招募和面试、约会等多形态服务。Uber 和 LinkedIn 最大的进步是，它跨越了虚拟网络，从一开始就通过个体的面对面交流创造沟通机会和变现可能。

这种商业模式背后的逻辑是，互联网真正让每个人成为移动的个体，而每一个体都有可能成为服务的提供方和产生营收的主体。商业模式真正创造无限可能。

未来影响发展的主流经济模式一定是消费资本论。从商品营销的角度来看，在表象上，产品的销售是一个具体实物从商家向消费者的传递过程。在这一过程中，产品实现了应有的价值，商家和消费者获得了商品的使用价值，一个传统的商品买卖过程结束。而在消费资本论模式中，同样也需要传递这一过程，不过除了传递一个商品的使用价值外，同时也传递给消费者一个省钱、方便和衍生创造价值的机会，这种价值远远超过了商品本身。简单的理解就是消费者在消费一个商品的同时，可以获得返现金或者积分的机会，然后消费者可以在这个商品的联盟商家进行分比例消费，不仅如此，商家可视自己的盈利程度分红给消费者。这一切都是基于互联网思维的，因此我们要把握互联网思维的主旨，运用互联网思维来设计我们新的商业模式。

吸引消费人群，用粉丝经济构建商业模式

在消费升级时代，传统企业必须对自己的消费人群每时每刻都保持着巨大的吸引力，并且尽可能地去提高消费人群的核心活跃度，力争将普通消费人群转变成核心消费人群。其实这是一个"粉丝转化"的问题，比如像小米一样，将海量的用户打造成自己的粉丝。这都需要企业让自己的消费人群获得极致的体验，为消费者带来难以抵挡的价值。

★价值源于专业服务

企业为消费者创造价值的先决条件是为消费者提供十分贴心的专业服务。在这方面，互联网企业的经验颇值得传统企业学习和借鉴。

在2008年前后，摇篮网推出新颖的婴幼儿能力增长测评与个性化指导的科学育儿系统，还有一个天才妈妈培训班的培训服务。摇篮网通过100多万人次的测评，获得了大量的用户信息，商品几乎涵盖了婴幼儿的所有方面。

这些信息对摇篮网吸引更多的广告客户十分有利，因为这些信息能使摇篮网的广告客户更加精准，并且有针对性地在摇篮网投放广告。而"天才妈妈培训班"则通过互动，在为妈妈们讲解育儿培训课程的过程中，将一些广告客户的产品特点和知识巧妙地融入了进去。

以瑞丽女性网为例，它以《瑞丽》杂志为依托，并根据《瑞丽》品牌所独有的时尚特质，将论坛、博客和朋友圈以及问答等互动媒体技术融合在一起，专门为 23～35 岁的女性提供风尚生活服务。现在它流量可观，虽然比不上老牌门户网站如新浪、搜狐、网易以及腾讯等，但在女性媒体频道广告的投放上，已经远远超越了新浪、搜狐和网易，仅次于腾讯。这足以表明，专业化资讯和知识服务必然会为这样的平台创造出额外的价值。

★粉丝的力量

粉丝是一群比较特殊的用户，他们极有可能就是潜在的购买者，甚至是最忠实的购买者。他们舍得为自己中意的产品花钱，这就是粉丝和一般支持者的最大区别。远超常人的投入与迷恋才可以被称作粉丝，他们背后所隐含的正是情感和金钱等方面的多方投入。

曾经有一段关于"粉丝的力量"方面的比喻在网上的转发量很高：有100 个粉丝，你就是校园读物；有 1000 个粉丝，你就相当于一个公告栏；如果你的粉丝超过了 1 万个，你就是一本时尚杂志；如果超过了 10 万个，你就是一份生活都市报；如果超过了 100 万个，恭喜你，你已经晋升为全国性报纸了；超过了 1000 万，就相当于知名电视台了。

据相关数据显示，如果一个微博拥有 10 万名粉丝，那么在它上面发布一条信息的价码就是 300 元；如果在拥有 20 万名粉丝的微博上发布一条信息，其价码就是 600 元；以此类推，30 万粉丝的微博上发布一条信息就是 900 元……这是十分惊人的数字，从中可以窥探出粉丝的惊人力量。

在粉丝经济时代，商业模式得以实现的前提是拥有庞大数量、投入时间较长、参与范围足够广、参与深度足够深的"粉丝"。如果一个企业能够拥有数量足够庞大的粉丝，那么它必然可以占据更多的市场份额；而粉丝越忠诚，产品的存活时间就越长，品牌的发展动力也就会越强。

大消费时代商业模式变革的核心是从营销到赢销

企业商业模式设计得当，成功事半功倍；如果商业模式一开始设计不当，后续怎么努力都无济于事。大消费时代的商业模式变革，其核心是从营销到赢销。所谓从营销到赢销，其实就是营销手段要真正能够赢得顾客、赢得生意。

★营销与赢销的区别

营销的"营"，汉语字典中的解释是"经管，料理；谋求、营利"；而对赢销的"赢"的解释是"获利，利润；获得，得到"。通过两者的对比理解，我们不难发现，"营销"强调的是过程，而"赢销"强调的是结果。或者换个角度说，"营销"是"赢销"的基础，而"赢销"是"营销"的最终目标。

从商业逻辑上来说，"营销"是你如何找到顾客，即拿着产品寻找客户；

"赢销"是如何让顾客找到你，即客户寻找你的产品。毫无疑问，"赢销"是"营销"的最高阶段。

★从"营销"走向"赢销"

企业从"营销"走向"赢销"，关键是抓住"品牌、产品、对手、渠道、客户"这几大核心，来做好商业模式设计；尤其是在大消费时代，把这几个核心要素规划好，产品一上市，销售自然就是水到渠成的事情了。

品牌：简单点说就是消费者认不认可这个品牌。怎么判断消费者认不认可呢？其实很简单，比如"雪碧"和"雷碧"，消费者认雪碧是正宗的，而雷碧是假冒的。跟对手做同一样的产品，消费者如果有正宗假冒的概念，就说明对手已经在品牌上占据优势了，这时候就要在品牌上想办法，怎么转劣势为优势。如果消费者还没建立"正宗"、"假冒"的概念，那么大家暂时打平手，也要想办法来占据优势。

产品：产品强调"好产品"三个字，什么是好产品？厂家、经销商、消费者都认为好的产品才是好产品。厂家说"这产品就我有，一定好"，可是消费者不懂、不试、不认，再"好"也销不了。经销商说"利润大的就是好产品"，厂家都被压榨得没利润空间，停产了，再"好"也没人愿意生产。消费者说"物美价廉的就是好产品"，所以一个能满足各方利益的产品才是好产品。

对手："知己知彼百战不殆"。没有对手（比如供销社时代）就不需要销售了，更不需要营销了，大家都会失业了。商业模式设计一定要研究对手，想尽一切办法去了解他，然后设计出能够应对的方式。

渠道：要想富，先修路；要想做好销售，先要规划好渠道。不同档次的产品要对应不同档次的渠道。还要运用好跨界思维，"谁是谁的渠道"已经不像以前那么固化了，有很多新的渠道可以整合进自己的销售渠道里。占据新的、别人未发现的渠道，可以形成一种新的商业模式，形成新的商业革命。如果没新渠道，那就需要从品牌的影响力、产品的独特性、产品的质量、价格的低廉、售后服务等方面下功夫。要让经销商有一个"一定要卖你产品"的理由。

客户：客户不是上帝，而是有很多很多追求者的"女神"。想要追到女神，先把其习惯、爱好、品位、厌恶等基本情况了解清楚，然后投其所好。比如，女神喜欢睡懒觉，那就讲"食补不如睡补"；如果女神喜欢早起锻炼身体，你再说"食补不如睡补"，就不应景了。消费者其实都很好，只要能满足他的小小需求，他就愿意花钱。

总之，抓住品牌、产品、对手、渠道、客户这几大核心来做好商业模式设计，就能够赢得顾客、赢得生意，从而实现从营销到赢销。

用"1P"及"3P"实现共生、共创、共享、共赢

"1P"理论认为，企业可以找到愿意为产品支付费用的第三方，让第三方来支付营销中的"3P"（产品、促销、渠道），企业用低于其成本的价格（"1P"），甚至免费销售其产品或服务，把多花少收的竞争转化为多收少花，并且增加行业和企业的利润，从而创造自动营销。

★ "1P"营销战略的机制与贡献

为第三方利益有关企业创造价值是"1P"理论的关键所在，在企业为自己选定目标客户，进行市场或产品定位，制定产品、促销和渠道的战略时尽量与第三方利益有关企业相符、同步。

这里以打火机为例来看看"1P"战略的运用。打火机有两种功能：打火功能和营销信息运载功能。当企业只卖打火机的点火功能时，其目标客户是那些需要用打火机点火的人群。企业为了支付营销打火机的"3P"成本和盈利，将打火机定价为每个1元。为了与别的打火机制造商竞争顾客，企业必须不断增加成本改善打火机，如果不加价，企业的盈利就会降低、消失甚至亏本；如果加价，改善"3P"营销的正效果就会被"1P"上升的营销副效果抵消。但在"1P"战略框架内，企业可以顺利解决"1P"与"3P"之间的这种矛盾。

企业可以在打火机上做上另外一个企业的广告，比如饭店的广告，向饭店收取打火机营销信息运载功能的价格，以支付营销打火机的"3P"成本和利润，然后把打火机以零价格送给顾客。后者之所以愿意支付前者，是因为两者有共同的客户目标，后者可以通过打火机上的广告把饭店信息传给目标客户。企业通过把一对多的营销转变成一对一的营销，找到了埋单的第三者，使打火机的营销变成了很容易的事情。

"1P"营销战略是试图通过某种多赢安排，在企业生产的同时使第三方企业从中受益，在为原有目标顾客创造价值的同时也为第三方顾客创造价值，从而使第三方企业愿意支付购买的部分甚至全部成本即价格（"1P"）。这样，因为有了第三方参与支付，企业就能够在为原有目标顾客多花少收甚至不收的竞争情况下仍能盈利，从而实现了多方的共生、共创、共享与共赢。

★ "超女"归来：经典"1P"的营销样本

在商业世界中，移动互联网正在加剧放大经典"1P"的效应。在众多整合营销的成功案例中，《超级女声》（以下简称"超女"）的"1P"营销新玩法尤为抢眼。

早在2004年，蒙牛用2000万元赞助了《超级女声》，搭乘着"超女"的歌声蒙牛迅速火遍全国，销量从7亿元一举蹿升到25亿元，成为一个经典的营销案例。作为具有吸金潜力的经典选秀"1P"，复活的超女无疑让很多企业产生了合作的想法。据悉，2016年"超女"冠名费超过1亿元，这是"互联网的新高点"。

借着2016年超女的契机，芒果TV顺势推出了芒果直播产品，其长尾效应在于，可以承载芒果TV中所有节目里面人的互动。有人表示，现在多家直播平台都单纯做UGC（User-generated Content，用户生产内容）直播平台，商业价值在于打赏。

相比而言，芒果直播做的是链接UGC和PGC（Professionally-generated Content，专业生产内容）的纽带，商业模式在于打造人才或者练习生进来以后，在这里通过持续的赛事，成为真正的艺人，输出到PGC内容里面去，PGC的内容再反哺到芒果TV。未来进行众筹或者演唱会，预约明星参与直播，都有望通过芒果直播来实现。

对2016年的"超女"来说，自媒体平台首次介入，其承载的信息内容，扩宽了"超女"发声的广度，更增加了节目呈现形式的多样性，使得"超女"在新媒介形势下散发出新活力。因为，基于自媒体的特殊属性，有趣的内容会相对容易传播，奇葩视频扩散快也正是这个原因。

此外，科技、体育行业的主动跨界加入，VR 技术在"超女"各种交互场景中置入、网络直播、网剧、"超女"同名手游授权、与海南航空合作打造 737—800"超女"号梦想客机、"女声学院"周冠军参与西甲赛事的开球仪式等时兴玩法逐一出炉，都在证明了"超女"极富商业价值。

这些因"超女"而引入的新玩法，显然不只是一次简单的试水。多类风口应用与技术的运用，从长远角度看，无疑是在深化"超女"乃至芒果 TV 本身的布局能力与商业逻辑。

第三章　典型消费品类的
商业模式变革及案例

消费是生活的依附。消费品的发展没有消亡的时刻，有的仅仅是更新换代的商业模式的演变。本章选取文化消费、旅游消费、养老消费、快消品消费、婴童用品消费及消费保障体系几个方面的商业模式变革及案例，旨在帮助企业经营者准确把握消费品类的商业模式变革脉络，以期助力企业在这个领域有所作为。这些模式的成功与否，就在于是利于小众还是利于大众。

文化消费的商业模式变革及案例

在"文化+"的市场背景下，文化消费与其他产业的融合发展催生了各种新型商业模式，主要包括：平台规模化与资源独特性相结合；以优质文化内容带动新产品；"一带一路"倡议下的节点资源整合；统一主题下的轮转特色消费；以城市文化体验为代表的城市主题化旅游；以艺术小镇为代表的文化地产；健康旅游的新思路；艺术家、收藏人、投资者三合一的艺术组合模式；以足球产业为代表的全产业链发展。这九个商业模式的创新反映了当前中国文化消费的新业态，同时也为中国文化企业提供了新的发展思路。下面我们结合案例，来看看这些商业模式是如何进行变革创新的。

★ 文化消费商业模式创新之一：平台规模化与资源独特性相结合

近几年，中国互联网发展迅猛，据中国互联网络信息中心《第36次中国互联网络发展状况报告》数据显示，截至 2015 年 6 月，中国网民规模达 6.68 亿，互联网普及率为 48.8%。互联网给文化消费带来了诸多新变化，这不仅仅表现在业务类型、市场范围、传播媒介等一般产业特征上，更关键的变化是互联网改变了文化消费的思维模式。

腾讯的社交平台加入了游戏内容，视频门户网站也在自己的平台上打造网络剧。"平台+部分自制内容"将成为最好的商业模式，在这方面湖南卫视的芒果 TV 就是代表，湖南卫视自己打造了一个网络平台，好的节目放在网络平台上播，比如《爸爸去哪儿》、《我是歌手》等。

★文化消费商业模式创新之二：以优质文化内容带动新产品

区别于第一种商业模式先建设平台再注入内容的思路，第二种商业模式是先打造优质内容，然后依靠核心内容注入新产品，最终占有产品市场。在互联网文化领域，文化企业逐渐意识到只有拥有高质量的文化产品才能在市场上立于不败之地，而 IP 资源是研发各种各样的文化产品的起点与核心。

以网络文学为例，网络文学作为 IP 源头之一在资本市场中越来越受到关注，2015 年比较成功的《琅琊榜》、《盗墓笔记》等影视作品均改编自文学作品。

除了网络文学、电影、游戏等传统的内容资源可以开发外，微电影是这种商业模式十分理想的新型内容资源。比如互联网的很多商店与明星合作，引导明星的粉丝进入到店里，通过微店、淘宝与明星的粉丝进行有针对性的销售；粉丝也可以参与明星演唱会直播的线上活动，同时也提供了在直播过程中即兴消费的机会，从而使明星经济得到强化。

★文化消费商业模式创新之三："一带一路"倡议下的节点资源整合

"一带一路"倡议为中国文化消费的发展带来了新机遇。"一带一路"作为综合性国家战略给市场、交通、人才等各个方面带来了政策红利，特别是"一带一路"沿线的广阔地域提供了丰富的可供开发的文化资源，这为文化消费创造了良好的发展条件。

事实上，许多文化企业和地方政府已经着手利用"一带一路"倡议的政策优势来发展壮大文化消费，例如针对海洋文化主题、佛教文化主题、陶瓷文化主题等，通过策划新的文化主题在现有艺术资源中不断组合出新的艺术集合体，从而实现艺术开发的可持续发展。"一带一路"政策不仅推动了诸多文化创意企业的崛起与发展，从宏观的角度讲，它也推动了中国文化和中国文化企业走出国门，通过与"一带一路"沿线的国家与地区的合作，中国文化企业将赢得更大的国际市场，中国文化品牌也将获得更多国家民族的认同。

★文化消费商业模式创新之四：统一主题下的轮转特色消费

这一商业模式与第三种商业模式有类似之处，两者都看重对文化资源的统一组合，如果第三种商业模式主要关注的是资源共享与投资，那么第四种商业模式更加看重的是文化消费问题，即让散布在不同地区但有共同消费爱好的人们能够在统一平台上实现轮转消费。仍然以"一带一路"沿线文化资源的开发问题为例，我们可以充分利用线下与线上这两个平台，发展线上与线下两种平台是凝聚消费者、创造消费热点的关键，通过线上活动培育活动参与者，宣传活动内容信息，扩大活动影响力，在线下可以开展演出、会展、旅游等具体的文化交流活动，让参与者切身感受不同文化的魅力，从而激发持久的文化消费欲望，成为线上平台的忠实用户。

以佛教艺术品的开发为例，现在利用互联网运营平台进行佛教艺术品的线上开发主要包括以下内容：一是佛教文化知识、佛教艺术品鉴赏的展示、推广与交流，任何文化产品的消费都需要良好的消费文化作为支持，因此，平台首先要为佛教艺术品的消费培育一种消费习惯；二是共享专业的佛教艺术品的开发经验，并且收集相关的创意产品方案，可供有兴趣的文化企业或艺术家购买；三是佛教艺术品的展示、销售，打造成熟的电子交易平台，实现佛教艺术品的线上交易是该平台的最终目的。

佛教艺术品线下活动形式包括两个部分：其一，与拥有优质佛教文化的地方城市合作，推广城市特色文化，开展以佛教文化艺术为主题的博览会，或者与当地政府合作建设专门生产佛教艺术品的文化消费园；其二，与文化企业合作开发新的佛教艺术品，平台要加强与文化企业的合作，线下平台可以把自己拥有的信息资源或创意方案与文化企业开展合作，开发新的佛教艺术品，而平台的媒介作用又可以为产品的市场营销提供优质的服务。

★文化消费商业模式创新之五：以城市文化体验为代表的城市主题化旅游

城市主题化可以充分彰显城市的个性和特色，它既是以打造城市文化名片为中心的城市发展模式，同时也是品牌突出的文化旅游商业模式。

比如上海新天地作为上海的一张城市名片，它既体现上海中西融合的基调，又把传统的石库门里弄与充满现代感的新建筑融为一体，特别是上海时装周期间，新天地连续举办十几场汇集中外设计师品牌的时装秀，成为上海时装周发布最新潮流趋势的时尚舞台。

★文化消费商业模式创新之六：以艺术小镇为代表的文化地产

发展文化消费是盘活中国房地产的一大机会，大多数具有比较大空间的和一部分别墅式住房可以用来做文化消费。房地产公司可以利用现有房产转型做文化消费，比如可以在地产里面举办音乐节形成艺术小镇，在艺术小镇消费的全是文化消费的植入产品，里面的餐饮、纪念品都属于文化消费，这叫作文化消费衍生品。文化地产作为一种商业模式能够使房地产持续发挥价值，而不仅仅是地产商赚到了钱。

具体有如下几种类型：第一种是本质型，比如建设主题公园或高尔夫球场，直接吸引人们前来文化消费；第二种是组合型，比如万达广场，这是一种地产规模开发的模式，其中融入了一些文化消费，不是一种纯粹的文化消费模式；第三种是环境型，主要指把地产建在公园、景区等环境优美的文化场所附近；第四种是商业包容型，比如博鳌论坛、商业会展拉动了当地的文化消费。

★文化消费商业模式创新之七：健康旅游的新思路

人们生活方式在不断地变化，新的需求也在不断增加，因此有的企业采取满足新需求的商业模式。比如，现代人饱受亚健康状态的侵害，精神压力越来越大，而来一次增进身心健康的旅游活动将是人们想要的需求。而健康旅游就是一种以身体疗养、健康休闲为主要目的的旅游形式，主要针对人们的慢性疾病，让人们恢复到一定的健康状态。国内很多房地产商推出了海边房、景观房，目的在于为老年人提供养老住宅，问题是，这不是一种健康旅游，虽然有着健康旅游等口号，但离健康旅游的要求还差得远，实质上仍然是一种房地产买卖和投资，或者吸引老年人到环境好一些的小城镇居住而已，纯粹的养老是不行的。

★文化消费商业模式创新之八：艺术家、收藏人、投资者三合一的艺术组合模式

把艺术品的创造与销售纳入到专业的艺术品企业的发展战略中，以企业化的产业运作方式统筹艺术品的创造、估价、宣传、销售等环节，着眼于提

升艺术家的市场价值，利用互联网等大众媒介扩大艺术品的市场影响范围，为艺术家及其产品打造有针对性的营销策略，扩展艺术家的生存空间，同时要用收藏家的眼光和投资者的角度去做组合投资，增加艺术品市场的透明度与流动性，打造专业的艺术品交易平台，完善艺术品交易的行业规范与市场秩序，从而推动艺术市场的整体价值。

★文化消费商业模式创新之九：以足球产业为代表的全产业链发展

对于一般文化体育产业的从业者而言，参与足球产业并不等同于购买足球俱乐部，足球产业是一个包括教育、管理、传媒、衍生品等诸多环节的全产业链，其中蕴含了多样的市场机会与广阔的市场空间。

在足球产业链中，产业收入主要包括赛事门票销售、转播权销售、俱乐部衍生品销售、俱乐部商业赞助和足球博彩等几个方面，几乎在每个环节都有文化产业的发展空间，特别是在足球衍生品、广告赞助、电视转播等方面。

据专业足球网络媒体《GOAL》报道，在过去一年世界各国联赛的价值增幅排行榜上，中超联赛高居第1位，中超联赛的总价值达到了2.77亿英镑，相对于上一年增幅高达81.33%。中超的价值飙升，与各俱乐部的联系密不可分。

除了俱乐部，在足球青训产业链上游还有赛事的组织和运营。以目前来看，中国的青少年足球赛事数不胜数，中外对抗、全国大赛、区域比赛等。《体育产业发展"十三五"规划》也明确提出将建立健全校园足球竞赛体系，实施全国校园足球四级联赛制度。

总之，中国文化消费产业正处于转型升级的关键时期，一方面，传统文化企业在"文化＋"的潮流中正努力摸索新的发展机会与成长空间；另一方面，许多互联网企业、房地产企业、制造企业等非文化企业也开始涉足文化产业领域，文化产业正成为一片经济热土。虽然市场形势瞬息万变，但商业模式始终是企业的立足之本，文化产业从业者需要在理解把握产业新变动的基础上思考企业的发展战略，最终将企业战略与市场需求相结合，打造适合自己的、具有可持续发展能力的商业模式。

旅游消费的商业模式变革及案例

旅游消费是在人们基本生活需要满足之后而产生的更高层次的消费需要。包括保健性旅游消费、基础性旅游消费、文化性旅游消费、享乐性旅游消费和纪念性旅游消费五个方面。旅游消费同旅游者收入水平、旅游者结构密切相关，也同旅游产品结构与产品质量密不可分。

中国旅游人次和旅游消费均为世界第一。据国家旅游数据中心统计，2015 年中国国内旅游超过 40 亿人次、出境旅游 1.2 亿人次，中国国内旅游、出境旅游人次和国内旅游消费、境外旅游消费均位列世界第一。随着旅游消费的爆发式增长，企业创新出多种因地制宜的商业模式，下面我们结合案例来看看。

★门票商业模式

门票商业模式就是简单的门票经济，利用天然的资源进行简单的改造，同时修一个大门收取参观资源费用。这是目前国内观光型景点的主流模式，这种模式是否成功依赖于资源的品位。这种模式投资小，但如果资源品位不高，也难以形成有效的资金循环。当然，如何抓住卖点进行营销也很重要。

比如，张家界的天门山、黄龙洞就是门票模式的典型。张家界国家森林公园门票248元，含金鞭溪、黄石寨、袁家界、杨家界、天子山、十里画廊等景区景点门票。黄龙洞景区门票100元，仅含黄龙洞景区内门票和景区内船票。再如，杭州宋城以景区门票为主要收入，门票收入中又以演艺收入占到87%，号称亚洲演艺第一股，并不断进行品牌输出，千古情系列已经在三亚、丽江、九寨等知名景区开业。

★旅游综合收益商业模式

旅游综合收益商业模式摆脱了单一的门票经济，而是强调餐饮、购物和住宿等多种收益形式。单一的门票经济难以适应现阶段发现的需求，收益也非常有限。一般情况下，一个景区的门票占到总收入的40%是合理的，完全依赖门票经济是难以获得可持续发展的。

比如，四川碧峰峡的旅游综合收益商业模式运作得很成功，除门票外，还有酒店、餐饮和购物等多种收益。"碧峰峡模式"概括地讲，就是在一个风景旅游区内，由政府统一规划，授权一家企业较长时间地独立经营和管理，组织一方或多方投资建设，统一规范、有序经营，达到资源优化配置、永续利用，使景区的社会效益、经济效益、生态效益协调发展。政府出资源、企业出资金，创立所有权、经营权、管理权"三权分离"的旅游开发模式，优化和创新旅游产业结构，在保护自然资源、生态资源的前提下，实现高起点规划、大资金投入、规范化管理、可持续发展。

★产业联动商业模式

这种模式就是利用旅游这个平台资源开发相关的产业，从而获得比较多的收益。比较典型的农业旅游，除了获得旅游收益外，还有农业和农业加工的收益。

内蒙古的牧业旅游也是比较典型的，投资商不仅发展旅游，还发展奶牛养殖业，形成互动，获得综合收益。"十三五"期间，内蒙古的经济区划战略将上一个新的高度，从自然条件、社会人文因素和经济发展状况的角度，尝试提出内蒙古新的经济区划分模式。

★旅游地产商业模式

这种商业模式实际上是产业联动的一种，只不过这种模式在国内运作已经比较成熟，因此单独说明。这种模式是投资商在开发旅游的同时要求政府给予一定的土地作补偿（价格一般是各种办证的费用），旅游和地产同时开发，通过地产的收益来弥补旅游的投资。

旅游地产方面有四大盈利模式：一是华侨城模式，由原来的"旅游＋地产"的双线盈利模式，转向"旅游＋地产＋文化服务"的多线共赢模式，并逐渐由重资产向轻资产转型，从区域运营商向复合式服务开发运营商角色转型。二是"旅游运营＋资本运作"模式，即由旅游为引擎带动周边土地成为投资热点，盘整做大资产上市。以乌镇为例，中青旅进驻后，总投资10亿元，对东栅进行改造，并对西栅进行了产权式整体开发，整个乌镇景区2013年游客量达到569.1万人次，其中西栅景区接待了257.13万人次，2014年总接待量超过620万人次，人均消费为每天150～250元，实现将高门票、高消费、高游客量集于一身。丰富时尚的驻场活动使乌镇不仅成为大众游客的聚集地，更赢得了专业客群的青睐。三是"产权出售＋商业运营"模式，即借助景区或城市的区位优势，以度假地产或休闲商业地产开发为主要目的，从而形成旅游吸引力，成为休闲度假目的地，如旅游带动的新型城镇化示范大理双廊、设计师主导的精品酒店集群莫干山、都市旅游休闲商业证券化的上海新天地。云南城投、海航集团、今典红树林，也将分时度假地产做得有声有色。四是"区域综合开发＋产业链盈利"模式。这一模式的最典型代表是迪士尼。在国内，大手笔进军区域开发商的则是旅游地产界新贵——万达，无论是度假区还是文旅城，动辄数百亿元的投资额，与"求新求大求最"的跨领域产业链搭建，无不体现这位商业地产巨擘在旅游地产上的雄心。虽然在数字上还未及表现，但"圈人、圈地、圈眼球"的效果已经初步显现。

★旅游资源整合的商业模式

这种模式是一些距离中心城市较近的景点开发通行模式。就是由一个投资商控制资源，做好基础设施，然后对各种项目进行招商，联合许多小投资商一起参与经营。

广东的部分景区运用旅游资源整合的商业模式比较成功，比如中山的泉林山庄，投资商基本不做具体项目，景区内部的100多个项目都是众多的中小投资商建立的。

★产业和资市运作相融合的商业模式

这种模式就是将景区开发到一定程度后，通过引进战略投资者获得收益进行推出。这种模式在广东的漂流行业比较盛行，在广东投资一个漂流项目一般只需要 100 多万元，如果运作得当，那么两年时间就可以收回投资，随着资源的升值，进行高价出售。

此外还有一种混合商业模式，这种模式适合一些非常大型的景区，从前期的资金募集到退出采用多种运作模式，是前六种商业模式的综合运用。

养老消费的商业模式变革及案例

随着养老产业的热度升高，较好的养老消费商业模式变革案例展示在人们面前。下面的案例，是 2014 年中国养老模式创新与老龄产业发展十佳典型活动主办方委托人民论坛问卷调查中心通过一个多月的调查研究，从上报的1130 余个案例中筛选出来的。从其入选评语可以看出，这些案例都是具有重要价值的创新典型，我们一起来看一看。

★武汉蔡甸：建中国健康之谷，筑生态养老之都

入选评语：武汉市蔡甸区始终将养老事业作为德政、惠民工程来抓，依托区域内独有的自然生态环境，结合自身条件，全局规划，产业互动，着力打造华中地区健康养老之都。现在已经建成一个集休闲游憩、商务度假、时尚居住、产业服务于一体的生态型滨湖新城。同时，该区以生态城建设为引领，放开土地政策，放宽投资渠道，共吸纳了 300 亿元资金，吸引了中国健康谷、侨亚社区、合众人寿健康社区、同济健康社区等养老机构入驻，形成了集生态、科学、便捷等养老必需的完整的生态养老产业链。

★江苏如皋："公建民营"走出公办养老新路子

入选评语：江苏省如皋市民政局在如皋市社会福利院大胆探索，试点推进公建民营模式，改建为医养结合型的博爱康复护理院，取得了成功的试点经验，收到了较好的社会效益，博爱康复护理院的建成有力地推动了如皋市养老产业的快速发展，为盘活公办养老机构闲置资产探索了一条成功的新路子。

★浙江金华："统分结合"构建居家养老服务新模式

入选评语：浙江省金华市金东区以"保基本、广覆盖、可持续"为主要思路，采用统分结合模式推行农村居家养老服务中心建设。一是在服务中心的服务功能上，采取"日间统一照料、夜间分散居住"相结合的统分模式；二是在服务中心的布局运营上，实行"中心较大村统一布点、边缘较小村分餐配送"相结合的运营模式。目前已建成养老照料中心288家，服务老年人4万余人，覆盖全区2/3的老年人口。在"家庭养老"面临巨大现实压力，浙江金华市以及机构养老模式难以广泛覆盖的现实情况下，统分结合模式符合国情实际，较好地实现了"保基本、广覆盖、可持续"，具有普适性和可操作性。

★河北卓达："三加三"全龄化健康享老智慧社区模式

入选评语：河北卓达集团致力打造"卓达养老"模式核心竞争力及"卓达养老"银发族养生照护产业标杆，经过10年探索，独创了由"健康、养生、享老"软服务和"居家、社区、机构"硬体系"三加三"全龄化健康养生享老智慧社区模式，并成功导入了相对成熟的台湾"智慧化照护"模式，让老人获得更好的照顾，得到社会各界广泛赞誉。卓达养老模式在全国各地开发的卓达太阳城项目中予以落地及应用，成为中国老龄产业发展的一道亮丽的风景线。

★上海"老了吧"：开创互联网智能养老新模式

入选评语：上海老了吧电子商务公司以养生科技结合互联网思维，应用O2O（线下整合＋线上平台），构建互联网智能养老产业链，融"养老、养生、养心、养性"于一体，通过科技智能手环与移动终端使老人与家属无缝对接，能使儿女第一时间了解父母状况，送达关爱，为不同需求老人提供家政、医疗、出行等便利服务，开创互联网智能养老综合服务模式。

★山东钟冠：以海洋产品为核心构建健康养生产业链

入选评语：钟冠以健康文化为内核，经过多年的探索，从产品理念、生产环节、养生养老文化平台建设方面进行了一系列创新探索，通过产业化运营，高质量的原生态海洋产品，同时跟产业链进行联盟，用一系列文化项目搭建中老年人养生平台，倡导中国五行养生理论，让新生代的健康养生文化真正走入寻常百姓家，构建起了新型养生养老产业模式。

★北京厚德宗兴：宗亲社区养老合作社让养老不再难

入选评语：北京厚德宗兴资产管理中心以契约型基金的形式组建"宗亲社区养老合作社"，利用宗亲与社区人们之间的信任关系、利用财富及财富创造力在不同年龄阶段的分布差异进行资产配置，合作社成员退休（60岁）

后至 75 岁前，生活能够自理，可选择回乡居住，获得城乡房租差异带来的利润；75 岁后，回到城市，享受城市相对优质的医疗服务。该中心深入社区，街道和居委会，已经在北京建立 10 个居家养老服务点，最大限度地开发老龄资源。

★湖北侨亚：机构养老现代化、社区养老智能化、居家养老信息化

入选评语：湖北侨亚集团将传统的专业机构养老服务与现代科技信息技术相结合，构建完整的机构养老现代化、社区养老智能化、居家养老信息化"三化"养老服务体系，并从中国老年人实际需求出发，不断开发与完善各类养老服务产品，为更广泛的老年客户提供高质量、高效率、个性化系统养老解决方案，创建集机构、社区、居家养老为一体的养老服务体系，武汉侨亚颐乐园老人村曾获"全国模范养老机构"称号。

★杭州"联众模式"：异地休闲养老促进城乡一体

入选评语：浙江联众乡村资源开发有限公司创新经营模式，公司在生态良好、风景优美的村落，与愿意合作的村民签订协议，由公司出资，按统一标准对他们的住房进行改建装修为"城仙居"，房子的产权仍归农民所有，农民可任选两间居住，其余房间 30 年的使用权和经营权则归联众公司所有，期满后归还村民。投资者可以定期或是长期居住，也可以请联众公司代为出租，获得租金收益。在杭州和上海，已有不少老人成为"城仙居"的住户；而不断到来的城里人，又给当地的村民带来了提高收入的希望，"联众模式"异地休闲养老模式有力地促进了城乡一体化建设。

★山东盛泉：开创国内养老上市第一股

入选评语：2013 年 5 月 8 日，荣成盛泉养老服务股份有限公司在上海股权交易中心挂牌上市，这是山东省首家在上海股交中心挂牌上市的企业，也是全国范围内第一家以养老产业为主业挂牌上市的企业。挂牌上市打开了养老企业进入资本市场的融资渠道，对全国养老企业具有良好的示范作用，对促进养老事业发展有巨大的影响。

随着大消费时代的到来，养老消费领域的消费升级显然是备受关注的一个。目前，我国 60 岁以上的老年人达 2.22 亿，占总人口的比重为 16.1%。人口老龄化程度的不断加深，让助餐、助洁、助行、助浴、助医等方面的养老消费需求成为企业的"蓝海"。2016 年 11 月 29 日，北京科技大学管理学院经济贸易系主任何维达在国家发改委举行的就进一步扩大消费政策措施有关情况新闻发布会期间对《人民日报（海外版）》记者说："未来 10 到 20 年，中国老龄化程度还将加深，养老消费市场大有前途，把握好这个趋势显然有利于中国经济平稳健康发展。在此过程中，政府一方面要加大养老设施建设及人员培训，另一方面也要注意引导养老产业朝平民化发展，不宜定价过高，从而影响到民众消费的积极性。"

快消品消费的商业模式变革及案例

快消品消费领域的商业模式有很多，而且各种模式各有特色，其中物流上基本以客户的自有配送为主，也有部分经销商与第三方物流合作，尤其配送到现代商品超级市场部分的业务。下面我们简要分析这些商业模式的特点。

★直营模式

直营模式以可口可乐与百事可乐为代表。这种模式基本没有经销商，由当地营业所代替经销商角色；厂家设立大量的业务人员进行终端拜访维护，拿订单，做好生动化，搞好客情（覆盖几乎所有的终端）；厂家在各地的营业所建立厂家的仓库，直接配送到终端。

★通路精耕模式

通路精耕模式以康师傅为代表。其特点在于：经销商在区、县或乡镇等区域设立邮差配送商；厂家设立大量的业务人员进行终端拜访维护，拿订单，做好生动化，搞好客情（覆盖几乎所有的终端）；终端订单由经销商（商超、批发的订单）或邮差配送（士多店、特通点等）；终端配送厂家不涉及产品经营，厂家只负责配送到经销商。

★联销体模式

联销体模式以娃哈哈为代表。这种模式的特点在于：一级经销商下设二级经销商、批发商，与厂家发生业务的只有一级经销商；厂家业务人员少，全国 3000 名业务左右，一个城市配一两个人，只服务到经销商，不掌控到终端；终端业务人员挂靠在经销商处，由厂家给予费用补贴；一些大型二级经销商的货物由厂家直接配送，小型批发商由一级经销商配送；终端订单主要由经销商或批发商配送。

★渠道精耕模式

渠道精耕模式以银鹭、六个核桃、加多宝等为代表。这种模式是向康师傅学习的，有部分相似的，又不完全相同。其特点在于：以地级经销商为基础，逐渐下沉到区县级设立经销商；厂家业务人员相对比较多，服务到分销商、二批商（相对重点覆盖）和重要的终端零售店（覆盖部分终端）；厂家配送到经销商和大型的分销商；厂家业务人员跑的订单由经销商配送。

★地级经销、流通批发模式

地级经销、流通批发模式是其他中小厂家所采用的商业模式。这种模式的特点在于：以各地级市为核心设立经销商，帮助经销商开发分销商、二批商；厂家业务人员少，基本服务到经销商，终端等后续服务没有；配送到经销商，由经销商配送到批发，以终端到批发商提货为主，部分批发商配送到终端。

整体上看，可口可乐、百事可乐和康师傅的模式都是掌控终端，不同的是可口可乐与百事可乐的配送由厂家自己负责，特点是终端控制力强，但是费用高；而以银鹭、加多宝等为代表的渠道精耕模式人员相对较少，主要控制核心产品的批发和终端；娃哈哈的联销体是从利益上绑架经销商打造共同体，物流、人员费用很少，物流由经销商及下游客户负责。另外，沃尔玛等国际型卖场有自己的配送体系，厂家与卖场直接签订合作协议，配送到总仓或区域配送仓，由沃尔玛等商超自己的配送体系配送到各门店。

婴童用品消费的商业模式变革及案例

伴随中国商业环境的成熟，婴童产业发展经历了从制造到品牌经营、从粗放型发展到完善供应链管理和全方位提升消费体验以争抢市场份额的阶段。同时，伴随着移动互联网的快速发展，婴童商品销售及服务企业也在经历着创新和变革。

相对成人产业，儿童产业起步较晚，发展并不充分，强势品牌少。但是儿童产业内部竞争已相当激烈，因此越来越多的企业开始探索符合"90后"、"00后"新生代消费者特点的跨界合作新模式，比如O2O母婴连锁、"IP+衍生品"等。

★O2O母婴连锁：多点发力，极致购物体验

一是"网上商城+线下连锁店+直购目录"相结合的母婴商城。该模式较好地覆盖了不同商品及不同消费者的购物特点，网上商城囊括所有母婴商品品类，包括婴儿食品、婴儿车、安全装置、洗浴用品、婴儿家具寝具等，每个产品板块下会提供相关主题的文章、清单、图表和衍生商品链接，提供全面快捷的购物体验；直购目录作为广告载体，既可实现精准营销，又能够降低商品成本及价格，并且利于与上游供应商拓展合作空间；而实体门店能够满足消费者亲身体验商品的需求。

较早成功运作这一模式的是玩具反斗城旗下的Babiesrus。近几年，国内

多家企业模仿采用了该模式，较为成功的包括乐友孕婴童、红孩子、丽家宝贝等。以乐友孕婴童为例，其已经与21个国家的530多家供应商合作，销售16大类的3万余种单品，拥有13个城市的400多家门店，网上商城注册会员总数超过400万人。

二是"社区育儿平台＋线下婴童服务"。社区育儿平台近年来越来越受到关注，平台上有孕妇妈妈学校、专家问答、实用小工具、互动交流等育儿经验指导和分享板块，用户在平台上既可以学习知识又能找到归属感，因此社区育儿平台用户黏性较高。在此基础上，用户会逐渐接受平台的推介商品销售及各种线下婴童服务。

强生旗下的专业育儿网站 BabyCenter（宝宝中心）是这一模式的典型代表，旗下拥有14个国际网站，遍及4大洲13个国家，其主要以"老保姆"方式推介销售强生母婴产品。在国内，类似模式的网站包括宝宝树、摇篮网、广州妈妈网、妈妈说等。以宝宝树为例，在社交平台基础上，宝宝树拥有线下早教品牌"米卡成长天地"（全国合作网点已达1500个）、品牌精准营销Baby Box、同城亲子聚会等。

★ "IP＋衍生品"：满足儿童兴趣，成就商品销售

儿童对于动漫、游戏充满了兴趣，根据艾索咨询调研结果，同学在学校聊天话题中，提及最多的是卡通动漫（57%）和游戏（48%）。因此，婴童产品需要更多的文化创意，商品的款式和包装往往离不开动漫、游戏等文化元素。基于这种儿童特点和消费倾向，"IP＋衍生品"模式应运而生，即通过打造知名IP，借助深入人心的动漫、游戏形象，促进儿童商品的销售，并增强消费者黏性。

迪士尼的成功证明了"IP＋衍生品"的强大魅力。迪士尼是以动漫品牌为核心竞争力，通过产业链衍生扩张逐步构建起娱乐传媒巨头的典型代表。其经营业务包括电影制作、媒体网络、主题公园、消费产品和互动媒体五大方面，覆盖了动漫产业链中的动画制作、传播、衍生品授权和开发等各个环节。目前，迪士尼旗下拥有十多家影视制作发行公司，五个大型主题公园，以及包括 ABC、ESPN 在内的庞大媒体网络。

围绕着核心动画形象进行品牌价值的多轮次开发和利用：第一轮，影视作品制作是核心环节，迪士尼成功塑造了"米老鼠"、"睡美人"等形象；第二轮，通过光盘、图书等出版物的发行扩大品牌影响，并延长了影视作品的生命周期；第三轮，通过主题公园将动画明星进行体验式推广，为公司提供了稳定的收益；第四轮，利润率最高的环节，通过形象授权和衍生品开发，充分发掘品牌价值。这样，迪士尼逐渐形成了以迪士尼品牌为基础，通过品牌的经营、创新和扩张，利润的累次迭代相乘，从而实现品牌价值最大化的"利润乘数"模式。

消费保障体系的商业模式变革及案例

消费保障体系的内容包括：建立以顾客为导向的服务体系；改善购物环境和服务设施，为顾客提供舒适方便的购物环境；维护好老客户；树立优质服务理念；建立以员工为导向的管理体系；组织员工不断学习新知识。消费进入保障体系帮国家解决了大问题。在这里，我们通过解读淘宝的消费者保障服务，来看看淘宝是怎么做的。

淘宝"消费者保障服务"是指经用户申请，由淘宝在确认接受其申请后，针对其通过淘宝网这一电子商务平台同其他淘宝用户（以下简称买家）达成交易并经支付宝服务出售的商品，根据本协议及淘宝网其他公示规则的规定，用户按其选择参加的消费者保障服务项目（以下简称服务项目），向买家提供相应的售后服务。

★服务介绍

除本协议另有规定外，使用者可根据其销售的商品种类及意愿选择参与特定的服务项目。淘宝可在淘宝网不时公示新增的服务项目或服务项目修改。

★加入程序

您可以通过"我的淘宝"→"我是卖家"→"消费者保障服务"申请加入。在申请加入之前请先确认自己是否符合加入消费者保障服务的条件，如果符合申请要求，您可以点击"申请加入"按钮提交申请。

然后进入"选择服务"页面，选择服务后点击"下一步"，进入"阅读协议"页面，阅读后点击"同意以上协议，申请加入"，即可看到申请成功，等待审核通知页面。

一旦您的审核被通过，您就可以在"我的淘宝"→"消费者保障服务"中看到"提交保证金"这样的提示，点击"提交保证金"，您可以在支付宝登录密码输入框中输入密码，并点击"提交保证金"，此时，您支付宝上的这部分资金将被冻结，作为"消费者保障服务"的保证金。

★加入的好处

消费者保障服务是淘宝网推出的旨在保障网络交易中消费者合法权益的服务体系。加入"消费者保障服务"可以给您带来的好处有：在您的商品上加上特殊标记，并有独立的筛选功能，让您的商品可以马上被买家找到；拥有相关服务标记的商品，可信度高，买家更容易接受；为提高交易质量，淘宝网单品单店推荐活动只针对加入消费者保障服务的卖家开放；淘宝网橱窗推荐位规则针对加入消费者保障服务的卖家有更多奖励；淘宝网抵价券促销活动只针对加入消费者保障服务的卖家开放；淘宝网其他服务优惠活动会优先针对加入消费者保障服务的卖家开放。

★项目种类

消费者保障服务项目通常有"商品如实描述"、"7 天无理由退换货"、"假一赔三"、"闪电发货"、"正品保障"等种类，卖家可自行选择加入不同的项目种类。

"商品如实描述"：消费者购买支持此服务的商品，如果被发现和卖家描述的不一样，可以申请赔付。

"七天无理由退换货"：消费者购买支持此服务的商品后，如果在签收货物后的 7 天内不想买了，卖家有义务向客户提供退换货服务。

"假一赔三"：消费者购买支持此服务的商品，如果被发现是假货，就能申请三倍赔偿。

"闪电发货"：消费者购买支持此服务的商品，能够享受"闪电发货"，要是卖家发货不及时，买家可以申请赔偿。

"正品保障"：卖家承诺提供"正品保障"服务，可以使顾客放心购买。

★协议内容

协议内容概括起来主要有以下两条：

第一，协议内容包括协议正文、正文提及的规则及所有淘宝网上关于消费者保障服务将来可能发布的各类规则（以下简称消费者保障服务规则），包括但不限于《商品如实描述服务规则》、《7 天无理由退换货规则》、《正品保障服务规则》、《假一赔三规则》、《虚拟物品闪电发货规则》、《数码与家电产品 30 天维修规则》。所有这些规则都应视为本协议不可分割的一部分，与协议正文具有同等法律效力。

第二，协议所指服务项目，包括但不限于"商品如实描述"、"7 天无理由退换货"、"正品保障服务"、"假一赔三"、"闪电发货"、"数码与家电产品 30 天维修"等，其中"商品如实描述"服务为全体用户的必选服务项目，淘宝商城商家还应当选择"7 天无理由退换货"、"正品保障"两项服务。这些服务项目都应视为是用户向买家提供的服务。

★用户资格

仅有符合以下条件的使用者可根据本协议规定申请提供消费者保障服务：①用户必须是淘宝网注册用户；②用户被投诉成功率不超过 1%（淘宝商城商家不受此限制）；③用户同意按本协议规定缴存保证金于自己的支付宝账户并授权淘宝冻结；④用户不是腾讯 QQ 专区和成人用品或避孕用品或情趣内衣店铺类目的卖家（淘宝商城商家不受此限制）；⑤用户是淘宝商城商家；⑥用户的申请未被淘宝或支付宝公司否决。

★权利与义务

用户有义务优选高质量商品，以降低赔付比例，维护淘宝网及用户商誉。用户签署协议即意味着默认选择"商品如实描述"服务项目，遵守《商品如实描述服务规则》，同时，用户有权选择其他服务项目并遵守相应公示的规则、文件、问答。其中淘宝商城商家签署本协议即意味着默认选择"商品如实描述"、"7 天无理由退换货"、"正品保障服务"服务项目，遵守《商品如实描述服务规则》、《7 天无理由退换货规则》、《正品保障服务规则》。

第四章 变革的核心——由关注消费行为向关注消费资源的转变

商业模式的变革要从关注消费行为向关注消费资源转变，其核心在于实现消费行为和消费资源的统一。为此，本章以独特的视角分析了商业模式变革下消费行为和消费资源的内涵，揭示了企业之所以原地踏步的根本原因，主张商业模式设计"利众生、利百姓"的理念，强调"吃自己的饭，用别人的碗"，即合法利用别人的资源成就自己，指出传统企业运用大数据整合资源、实现突围的商业模式变革路径。

什么是消费行为和消费资源

消费行为和消费资源是商业模式变革的两个重要因素，决定了商业模式变革是否在真正意义上取得了成功，这背后的逻辑反映了变革后的商业模式的价值。那么，什么是消费行为和消费资源？如何在商业模式设计中实现两者的统一呢？

★什么是消费行为和消费资源?

前面我们讨论过消费行为，它是消费者为获得所用的消费资料和劳务而从事的物色、选择、购买和使用等活动。出于商业模式创新的需要，这里讨论的消费行为被赋予了新的内涵；而对消费资源也将有不同的理解和定义。那么，这里的消费行为和消费资源究竟是什么概念？

所谓消费行为，就是个体在一个时间段、一个区域内在本店消费的总额；所谓消费资源，就是个体在所有时间段在本区域本店内消费的总额。举例来说，假如一个人一年之中一共消费 10 万元，在你的店里一年消费 1 万元，那么其中的 1 万元就是消费行为，10 万元就是消费资源。

毫无疑问，如果你的商业模式只赚取消费行为的钱，那么这个商业模式虽然不算失败，但它只获得了有限的利润；如果你的商业模式能够赚取消费资源的钱，则获得了所有利润，这才是成功的商业模式。

★设计商业模式，实现消费行为和消费资源的统一

实现消费行为和消费资源的统一，应该是商业模式设计的终极目标。为此，我们今天所设计的商业模式涵盖衣、食、住、行，诸如房子、汽车、结婚、生子、旅游、娱乐等，这就是消费行为和消费资源的统一。

实现了消费行为和消费资源统一的商业模式具有巨大价值。第一，大消费时代催生了新兴多元化的消费需求，创新设计的商业模式能够针对消费者多元消费这个需求特点，将其所有的消费支出项都吸引到新商业模式大系统中。第二，消费者一生中的所有消费支出项包含生活中的方方面面，而这些消费支出项中的任何一项都需要设计、生产、销售、发送和辅助其生产过程中所进行的各种活动的系统运作。创新设计的商业模式能够从产业链的角度去整合各项要素或资源。第三，所有与消费者相关的企业在面对竞争时，商业模式再造虽然能够从战略高度使企业保持全面领先，但并不是所有企业都具备整合创新产业价值链的能力；而一些非领导者企业在竞争时，他们的定位并不是为了满足大多数消费者的需求，而仅仅是为了迎合某类细分市场的消费者需求，并尽可能地为其提供更大价值。创新设计的商业模式能够在行业原有的商业模式中进行优化调整，从而使非领导者企业与其他竞争对手形成差异化竞争优势。

原地踏步：只赚消费行为的钱，
却赚不到消费资源的钱

原地踏步的原因来自哪里呢？来自只赚消费行为的钱，却没有赚取消费资源的钱。其实，能不能赚取消费资源的钱，关键在于对现有的有限资源是如何看待的。

★ "老虎吃天——无处下口"的无限遐想

很多人在设计商业模式的过程中，都在看一个东西，就是在无限遐想中国十几亿人口的市场。这种无限遐想最终变成了"老虎吃天——无处下口"，因为很多人在设计商业模式的过程中，有90%以上的都在想着自己的私利，没有想着"利大众"这种心愿，他们想的所有的问题，就是如何自己赚钱。

正因如此，很多人原地踏步，即只赚消费行为的钱，却赚不到消费资源的钱，有的可能连消费行为的钱都没有赚到。

★ "利众生、利百姓"的无限遐想

与"老虎吃天——无处下口"式的无限遐想相比，真正的无限遐想应该是针对现有的有限资源，怎么样把利益分给大家，"利众生、利百姓"。真正的无限遐想不仅赚取了消费资源的钱，而且具有高尚的普世情怀。这种"利众生、利百姓"的思想，是一种大智若愚的智慧，是商业模式设计的最高境界。全民娱乐的共享经济之所以成功，就是因为有了这种商业模式。

"吃自己的饭，用别人的碗"

所谓"吃自己的饭，用别人的碗"，就是合法利用别人的资源，成就自己。

★资源整合，分享利益

全社会每个人的手里都有自己的"碗"，能不能把自己的"饭"分享给每一个有碗的人，用别人现有的模式、成熟的系统来为自己服务，这就是资源的大整合和重新整合。资源整合要注重利益分享，即你的公司有我的股份，我的公司有你的股份。

资源整合就是把大家的资源拿出来重新排列组合，以产生更大效益的行为。而企业作为一种经济组织的本质是利他和共赢，其重点是资源开发与利用，资源整合就显得尤为重要了。公司通过其产品和服务向消费者提供价值，即利益分享，这既是资源整合的"魂"，也是商业模式的价值主张。

★免费：在你看不到的地方赚钱

免费模式是非常伟大的商业模式，但是很多人都看不到这背后的商机。比如，7天连锁酒店创立于2005年，现已拥有分店超过1000家，覆盖全国

127 个主要城市。7 天连锁酒店建立的"7 天会"拥有会员超过 2770 万，是中国经济型酒店中规模最大的会员体系。7 天连锁酒店之所以能成功，一个重要的原因就是他们把全国几万家店做了一个联合，7 天连锁酒店给加盟商免费装修，然后挂 7 天连锁酒店的牌子就行了。结果是所有的店都赚取了消费行为的钱，而 7 天连锁酒店赚取了消费资源的钱——圈取了资本市场的钱。

再如充话费送手机模式。我们预存 2000 元话费，赠送手机价值 2000 元，还有 2000 元话费分 24 个月用完，然后还赠送你 100 元的手机新业务，或者是预存 2000 元话费，赠送你价值 2000 元的空调，等等。作为消费者，很多人看到这个信息就会心动，然后就行动了，认为很划算，认为他们在赔钱做生意。大家想想，商家真的会赔钱吗？不但不会，还会挣钱，这就是很多人没有看明白的道理。我们仔细分析一下，商家赠送的这些东西市场价也确实是一样的，但他们批量购买会是什么价位？市场价 2000 元的手机，批量从厂家购买的成本可能很低，其他赠送的都是基本没有成本的业务，然后商家还告诉你每月有最低消费等业务。商家赚钱了，消费者却认为自己占了大便宜。

以上两个例子说明，很多成功的商业模式不在你看得见的地方赚钱，而是在你看不到的地方赚钱。

传统企业突围，整合资源才是出路

从广泛的意义上来讲，消费资源不仅仅是针对消费者而言的，企业所有的生产关联方都与消费者密切相关，因此整合生产方及渠道经销各方资源，对传统企业突围来说是必由之路。

★F端、B端和C端①三方整合的原理

生产方及渠道经销各方包括F端、B端和C端，所以我们讲整合就是对这三方的整合。现在所有的商业模式及已经实施的商业模式都是对B端和C端的整合，没有人对F端进行整合。只有将F端、B端和C端达成链条，才是有价值的整合，从而消除信息壁垒，实现真正意义上的分享。那么，这个整合的原理是什么呢？

所谓F端，指的是源头、厂家。对F端的整合，就是通过产业联盟的方式，把厂家资源进行整合。第一，整合科研力量和研发力量，降低成本，壮大实力；第二，把最优秀的管理者统一在一个大集团公司里进行互通，实现生产成本、管理成本的降低；第三，员工费用在提高，厂家的成本在增加，这就需要连接F端和C端，实现定制化。原来C端在B端的固定消费是F端不知道的，我们现在把C端在B端的交易数据统计出来后给到F端，然后厂家进行反向定制。经过这样的整合，未来就是按需生产。

★反向定制及其案例与营销

反向定制是指通过聚集数量庞大的用户，向商家集中采购的行为。反向定制的根本特点有两个：一是将定价权从供应商向零售商转移；二是消费者从"商家有什么就被动买什么"到"主动要什么商家卖什么"。

下面我们先来看戴尔和麦田亲子游这两个例子。

---

① F端指的是源头、厂家；B端指的是商家；C端指的是客户。

　　多年以来，戴尔直销模式的核心就是"按需定制"，用户可以根据自己的需求，定制属于自己的电脑，包括各种不同的配置，如 CPU、硬盘、内存等来满足自己的需求。现在，戴尔已经将"按需定制"发扬光大，让电脑产品从内到外实现个性化"定制"。戴尔将了解消费者内在需求，提供消费者喜爱的产品作为企业发展的重中之重。戴尔消费者业务发展迅速，与这种企业文化息息相关。戴尔了解到消费者对于自己的电脑同样也有定制的需求，于是，戴尔便将设计和个性定制融入公司的发展战略，成为全球唯一一家可以实现电脑全面定制的企业。在戴尔，消费者不仅可以自己选择所需要的硬件配置，还可以自由搭配笔记本的外壳色彩、图案、材质。经过长期在设计方面的投资和努力，戴尔的产品最终以其精美的外观、精心挑选的材质、值得信赖的品质在业界得到广泛的认可且屡获殊荣。戴尔成功地把定制的概念带进企业，并让消费者对定制有更加清晰的认识。

　　麦田亲子游致力于通过社交以及便捷的工具尽可能地来提升 C2B 的沟通以及对接效率，旨在构造出一个让供应商和客户实现有效沟通的工具。例如，麦田亲子游会基于目的地和会员需求相对性地构建微信群。通过在微信群征集意见并反馈给麦田亲子游，此时供应商征集到需求则会给出初步方案，并到微信群里继续征求反馈。旨在避免交易失败。目前，像一些目的地行程及滑雪、邮轮、农场等主题的亲子活动都是通过这种方式来组织的。麦田亲子游还将亲子游产品的设计和执行外包给旅行社，自身则负责收集用户需求、聚拢客户以及筛选供应商。采用批量化定制的模式既保证了用户需求的个性化及品质，同时在成本方面也得到了控制。

　　从上述两个例子中我们可以看出，反向定制对传统企业实现突围是可以实施的。反向定制是基于大数据来统计客户的偏好，并设计出相应的产品。

有的企业已经在这方面做了有益的尝试。那么，传统企业应该如何设计反向定制框架呢？主要从以下两个方面着手：

第一，信息挖掘和双向流动。一是基于用户，判断顾客之间的相似性。比如你买了一本励志畅销书，网站就会自动为你推送其他类似的励志书。俗话说"人以群分"，大数据就帮助你实现了这样的分类。二是基于商品，判断商品之间的关联度。由此，又形成了"物以类聚"。

第二，供应链的信息整合。一是甄别信息价值，有效预测市场。二是供应链的各个环节之间的无缝对接。目前许多大型核心企业与其上下游企业进行无缝对接，借助大数据这个电子平台，向其上下游企业提供全面的供应服务，大数据下的供应链系统使库存管理、物流配送、客户管理、电子订货系统等系统进行数据交互，提高协同效应，并且达到对供应链信息流、资金流和物流的高效管理。三是彻底的供应链重组。基于大数据下的反向定制要求供应链掌握消费者的行为偏好，企业能够快速实现对供应链信息流、资金流和物流的高效管理。四是彻底的供应链重组通过对消费者需求的反馈和分析，供应商和生产商快速地依据消费者的需求生产出顾客满意的产品。企业能够建立个性化的柔性生产线，从而实现企业的反向定制。

第五章 商业模式变革的两大原理：消费合伙人和共生经济

消费合伙人和共生经济是大消费时代商业模式变革的两大原理。所谓消费合伙人，就是具有同一消费理念和经营理念，以人为本，以人为善，希望通过共同打造大消费时代的消费生态圈、享受合伙组织内会员价消费的合作伙伴。共生经济是指独立的经济组织之间以同类资源共享或异类资源互补为目的形成的共生体，这种共生体的形成所导致的经济组织内部或外部的直接或间接的资源配置效率的改进。

消费创富：从消费资本转化为投资资本

现在，人人都知道，消费已经成为推动经济发展的主要动力，而通过消费创造财富，从消费资本转化为投资资本是其核心动力。

★什么是消费投资

消费投资是指从生产至流通，进而演变成生产与消费直接挂钩，从而派生出"产销联盟"或者"含权消费"的投资。如果把消费额作为一种消费股份（即消费资本）与企业的效益挂钩，消费者不再是单纯的被动消费，而是含权的、主动的、有效益回报的消费，能实现消费者与企业的共赢。

消费投资是一切资本产生的源泉，任何商品只有通过消费者消费，才能体现出其中的价值，如果只是停放在库房之中，那永远只能是一种摆设，一道风景，一堆废弃物，只有消费才能积累大量的消费资本，没有消费就没有生产，消费量的大小，直接制约着生产量的大小，如果消费能力低于生产能力，那么生产能力就不可能进一步地发展和提高，生产能力不能充分发展和提高，就会浪费和闲置大量的生产资源，从而造成尖锐的社会矛盾。因为消费不仅带动了商品的生产和流通，而且还为其他资本的生产和积累创造了条件。消费有着其内在的发展动力和规律，消费不只是一种结果，它是生产和财富的源泉。消费的过程是一个连续的过程，人们的衣、食、住、行样样都离不开消费。消费不是个别行为，应该是社会行为。随着人们经济收入的不断增加和精神、文化、健康、保健、休闲娱乐等追求的不断提升，消费需求也越来越大，而消费作为资本应该参与社会财富的再分配，这是社会的进步以及消费理念的更新。只要我们注重科学地开发消费资本，不断满足人们对消费的需求，就能促进社会经济的迅猛发展。

消费资本参与分配是社会资本投资合作与融合的必然趋势，消费是有价值的，消费价值是指刺激生产力的发展，带动新的生产（服务）实现新的增值利润价值。任何商品，只有进入市场、卖出去才有价值，生产如果不与消费联系起来，生产是没有任何价值可言的，而价值又是不能靠自己来决定的。价值衡量的标准是人们彼此联系交往的社会关系，价值是在交换和比较中产生的。正如马克思所言，交换价值是价值实现的形式。因此，消费资本参与分配是社会资本投资合作与整合的必然趋势。

★消费与投资的结合

消费与投资社会经济范畴内两个不同的领域，消费增值奖励把这两个不同领域有机地结合并统一起来，消费派生了投资，而投资蕴含于消费，消费与投资的结合在经济领域里是一个跨时代的进步，它促使买与卖的关系由对立走向统一，走向和谐。

消费与投资的结合有三大功能：其一，投资的功能，消费越多等于积累投资越多，投资的回报也越多；其二，储蓄的功能，消费越多等于存款越多，储蓄的利息回报（即消费增值奖励）也越多；其三，保险的功能，消费越多等于保险越多，得到的社会保障越多。在这之中，消费增值奖励让消费者第一次知道消费不是一种终端行为，消费是一种有价值的行为，消费是一种投资行为，消费是一种含有利益需求的行为。它真正实现了生产资本，流通资本和消费资本三者的统一，真正实现了生产者与消费者的统一，真正实现了消费行为与消费价值的统一，它让简单的"消费增值奖励"、"消费积分"、"消费返券"更加科学化、制度化、人性化、社会化。

★新型的消费模式

新型的消费模式应是：交易的结束并不意味着消费关系的结束，而是意味着新的利益关系的开始。让消费资本转化为投资、创业资本，让消费者转变为企业合伙人，让企业发展的红利分享给消费者。企业因消费者发展壮大，消费者理当分享企业发展红利。

在新型消费模式下，消费资本不再仅仅是消费资本，还可以转化为投资资本、创业资本；消费者也不再仅仅是消费者，还是企业的共同创业者、合伙人；消费行为不再是单向的花钱，还可以投资、创业、赚钱。

企业在保护消费者权益的同时，还可以让企业直接获得准确的消费者的消费习惯、产品偏好，一方面可以有助于企业在产品开发、市场定位、售后服务方面更加符合消费的期望和爱好，从而使企业具有更大的市场竞争力优势；另一方面消费者通过提供这些信息可以获得符合其意愿和偏好的产品和服务，这对于消费者、企业来说都是非常有利的。

变革落后的消费模式，运用新型的消费理论，提升消费者的社会、经济地位，重视消费者的利益，进一步释放消费活力，让消费更有力地推动我国经济的发展，让中国成为世界消费者的天堂，为构建和谐社会，实现共同富裕提供新的动力。最终形成人人都是企业合伙人、人人都拥有平等的社会地位、人人都平等参与利益分配。

共生经济成就消费投资商

共生经济是拉动经济增长的新路子，通过共享、协作方式搞创业创新，门槛更低、成本更小、速度更快是收入分配模式的创新。先来看一个共生经济模式的例子：

有个开面馆的老郑，他做的面很好吃。有个经常来面馆吃面的食客小陈，小陈几乎每个月都会来老郑的面馆吃面。

有一天，老郑问小陈："小陈我想问你，你觉得我家面馆的面好不好吃呢？"小陈回答说好吃，他很喜欢。老郑说："那么既然好吃，我想和你谈一个合作计划，你愿意跟我合作吗？"小陈说："先听听看是怎样的合作呢？"老郑说："合作计划是这样的，你既然这么喜欢吃我家的面，那么从今天开始我正式邀请你成为我老郑面馆的合伙人。合伙人有以下几点：第一，你和以前一样，照例来吃面就可以了，以前你来我的面馆吃面都不打折，再好吃也没有打过折，现在你成为我的合伙人，你来吃面我给你打七折；第二，如果有朋友问你哪里的面店好吃，你要记得帮我讲一句话'老郑面馆最好吃，你报我小陈的名字可以打七折'；第三，报你名字来吃面的朋友，每吃一碗我就奖励你1元，他们推荐的朋友来吃面，每吃1碗我就奖励你0.5元。"

小陈一听，连说好，于是他很快就介绍了一些朋友来吃面。到了月底，老郑对小陈说："因为你这个月的介绍本店生意兴隆，他们一共来本店吃了2000碗面，这是按约定给你的1800元。"小陈觉得好棒，平时来吃面没有任何优惠，现在能吃到这么好吃的面条的同时还能赚钱。

过了段日子，小陈要准备考试了，没有时间去帮老郑介绍人来面馆了，但是偶尔他还是会来面馆吃面，和大家聊聊天。有一天，老郑拉着小陈递给他6000元，小陈很诧异，坚决不收钱，这时老郑说："你上次介绍的那些朋友，他们吃了面后感觉味道确实不同于其他面馆，从那以后他们经常会来光临，并且他们也介绍他们的朋友来吃，我同样也给他们奖励了，这些是你应得的，当初多亏你介绍，我的面馆才会有现在这么兴隆的生意啊。"小陈激动得竟说不出感激的话来，从此之后，小陈就和老郑的面馆，长长久久地合作下去。这就是共生经济模式。

★消费观念的转变：消费者升级为消费商

在大部分人的观念里，消费就是花钱，赚钱都是商家、厂家的事，花出去的钱就像肉包子打狗——有去无回。进入这个革命式变化时代，作为消费者在以往的生产消费环节中所扮演的消费角色也将得以转变，升级成为消费商。

共生经济模式与一般人思维、老板思维以及"互联网＋"思维都有区别：一般人思维是1元×1元＝1元；老板思维是1元×1元＝10角×10角＝100角＝10元；"互联网＋"思维是1元×1元＝10角×10角＝100分×100分＝10000分＝100元。当我们在传统的思维里苦苦挣扎，别人已经开始用"共生经济＋倍增学原理＋大数据＋移动互联网＋的思维"在奔跑了。

★消费商时代的来临

消费商的概念在中国才刚刚推出，在国外有一个相似的概念，在中国叫

"生产消费者"，既是生产者又是消费者。

消费商首先是一个商业主体，作为一个全新的商业主体，有其独特之处。第一，消费商是全新的机会营销主义，其给予别人的不仅是产品而且还是机会。第二，消费商主导的是"花本来就该花的钱，赚本来赚不到的钱"，带来的是一种全新的利润分配规则。第三，消费商不需要投资，而且有大批的员工、科学家，帮你工作、帮你管理，是零风险的一个商业主体。第四，消费商只是在做一种（省钱＋赚钱）机会的传播者，不负责具体的经营，是最佳的财富自由的经营者。第五，消费商是一个最轻资产的商业模式。第六，消费商既可以是第一职业，也可以是第二职业。第七，消费商带来的是一种消费革命，让消费者也参与了利润分配，让更多人成为消费商，分配更加合理。第八，消费商将成为销售的关键主体，优于原来的店铺，是新时代的最佳互补。

消费者成长为消费商，将是一场浩大的革命。可以预见，在不久的将来，消费商将是一个非常有前途的职业。

消费合伙人——大消费时代的新商业模式

合伙人是什么？在法律上两种意思，第一种是投入资产、人力、物力获得平等的分红；第二种是我和你共享，消费者只需正常的消费，无须额外的投资就可获得商家的股权、分红权、商家将来的部分利益。所谓消费合伙人，就是通过消费产品成为企业股东的方式把消费者变成拥有者。消费合伙人在消费中身份的演变是：客户—用户—粉丝—消费合伙人。这种身份演变的真正含义是共享，打造共享经济。就是来一场消费者的革命，这场革命即将到来，就是消费合伙人的时代。

★矛盾体化为共同体

消费合伙人是大消费时代的新消费模式，在这种模式下，消费者与企业不仅是精神共同体，还是生命共同体、利益共同体。由矛盾体化为共同体，就把商家和消费者的矛盾打破了。因为消费者知道，他去买东西就相当于投资，不会跟商家讨价还价。以前商家喊价喊上天，消费者砍价砍下地，两者背道而驰。现在已经不需要这样了，甚至还可以让商家去赚取他们理应所获得的利润，而这个利润是可以返回给消费者的。

也许有人会问：能不能做到？回答是能做到，但原因取决于消费者是否愿意团结，只要团结没有什么做不到。以前由于信息不对称，消费者之间的消费力是碎片化的。比如消费者一生中的消费在60万元到100万元，但都是碎片化，没有办法集中起来。今天，消费者的消费力是非常庞大的。由于有了互联网，消费者的消费力还可以通过大数据获取，消费得越多就越值钱。

事实上，如果商家愿意把股权拿出来分享给消费者，取天下的财物给天下人，千金散尽还复来，商家自然就拥有了财富。华为有17万名员工，沃尔玛有200多万名员工，如果用合伙人这个方式去做，那么将会有多少个员工？有多少个股东？当有10万个人消费你的产品的时候，就拥有10万个股东。

★消费合伙人模式要明确权责

放眼国内，消费者合伙人说来并不新鲜，越来越多的企业在采用这个模式。专业人士分析认为，这类将消费者引入合伙人制度的模式，更多的是一种激励导向。从制度设计来看，必须有明确的权责。

以往企业是把员工从雇员变为合伙人，给权利、给责任、给前景，使员工的心态从"给老板打工"转变为"给自己打工"，取代了传统的管理方式，演变成公司的长期激励机制。但是消费者不一样，如果只是为了增加消费者黏性来打造合伙人概念，而没办法做到像真正的合伙人来聚钱、聚人、聚资源的话，恐怕就只能是一种探索，未必能够取得成功。

在当前的大消费时代，通过消费者的合伙人制度，可以将终端消费数据，尤其是消费者的偏好等建议更好、更直接地反馈到总部，可以最大化地帮助企业获取这种差异化的商品经营能力。这就需要企业出台相应的制度去调整，但哪种机制更合理，还得由市场说了算，关键是企业能否保持一种开放的心态，勇敢面对问题，尤其是权责问题。

从谷居的"消费合伙人"看商业模式变革

谷居网（以下简称谷居）创建于 2012 年，是上海谷居网络科技有限公司旗下的专业互联网家装平台，以"让你拥有梦想的家"为使命，为客户提供设计、装修、软装、建材、家居一站式服务。谷居致力于研究解决用户装修痛点，用"互联网思维 + 互联网工具"有效整合产业资源，通过共生经济模式，提供设计个性化、服务标准化、施工透明化的科学家装服务。

★谷居简介

据资料显示，2012～2015 年，谷居不断创新发展：搭建最大的互联网家装资源平台（设计师、案例、图库），通过"大数据＋工具"满足用户一站式服务；首家将 VR 虚拟现实系统运用至家装领域，开创全新设计体验；首家自主研发全程在线装修云管家系统，实现轻松透明装修体验；首创装修六项服务标准改善家装体验，提高服务效率，打造行业新标准……凭着独有的技术优势，谷居不仅极大地提升了家装体验，而且解决了诸多存在已久的行业痛点，将行业的发展推到了一个新高度，成为互联网家装的"领头羊"。

然而，这并不是谷居的终点，而是又一个起点，2016 年 1 月，谷居创新开放"消费合伙人"计划，启动百城百人招募行动，再一次在市场上绽放璀璨光芒。

★谷居的"消费合伙人"商业模式变革

谷居本次消费合伙人招募对象主要是有装修需求的个人，旨在通过产业资源共享，合伙人不仅能让自己及身边的人轻松、便捷地享受家装服务，还能同时享有装修基金、谷居期权、业务分成等多种形式的收益。它的主体是个人，提倡消费者即投资者，投资者即受益者。并且，谷居以高回报的退出机制政策给予合伙人绝对零风险的投资保障。

"客户只要成为谷居的消费合伙人，就可享受谷居所有的市场促销活动、定期培训、谷居发展重大事件的投票决策、优先开工等权利，部分优秀合伙人还可享受谷居的节庆聚会、旅游等福利；相对于收益和权利的丰盈，消费合伙人所需要付出的义务却很简单，仅需随手协助支持谷居的品牌传播，晒一晒自家的装修成果即可。"谷居 CEO 谭敏如是说。

对此，谷居首位消费合伙人惠先生表示："对于谷居提出的消费合伙人合作邀请，起初是半推半就地答应了，当时想着不管有没有效果，起码自己在装修，本身用得到这些优惠，后来谷居的服务和工艺标准挺让自己满意的，就决定认可了自己合伙人的身份。慢慢地，发现身边咨询装修的朋友还挺多，结果，我不仅帮助他们找到了信得过的公司，还用谷居消费合伙人分配的装修基金（抵用券）帮他们省下了一笔费用，举手之劳，自己也获得了额外的佣金提成。这是一件非常轻松愉快的事情。"

"消费合伙人"是谷居开启共生经济时代的重要角色，能通过资源共享的方式实现消费者、谷居以及谷居产业链条上所有参与者的多方共赢，利益均享，让家装成为人人参与的行动。"众人拾柴火焰高"，谷居共生经济模式或将推动家装行业进入发展新纪元。

从共生体出发的商业模式变革与设计

商业模式的设计是从共生体的角度出发，研究和设计焦点是企业和其从事特定业务活动的内、外部利益相关方的交易结构，从而达到焦点企业价值最大化的目标。换句话讲，商业模式设计是通过构建一个共生体并在其中打造最大化价值的焦点企业。

★商业模式变革需要思考利益相关方

商业模式需要思考的是共生体都由哪些利益相关方构成，这些利益相关方的业务活动或角色（角色是具有资源能力的利益相关方在共生体中所开展业务活动）有哪些，他们从共生体中的获益方式是什么？最终的现金流是什么？

商业模式非常关注焦点企业所处的共生体的结构效率。正如石墨和钻石都是由碳原子组成，但石墨漆黑柔软，钻石坚硬通透，两者的形态并不是由碳原子的属性决定，而有赖于碳原子如何连接。

焦点企业的价值也会因与共生体内利益相关方的合作内容以及合作方式的变化而不同。所谓共生体是由焦点企业以及具有合作交易关系的各类内外部利益相关方构成。其实每个企业都处于一个共生体当中，都会通过市场交换、合作、参控股等方式与周边的利益相关方建立关系。

只是在传统概念中，企业都是以共生体的结构既定为假设前提。如以超市为代表的零售业，行业的主要竞争者都是选址建立卖场，然后组织货源将产品交到消费者手中。行业中的竞争对手都有着相似的利益相关方和盈利模式，所以大家都不约而同地把精力都投入到自身经营绩效的改进上，例如，如何更好地理解甚至创造性地提出各类细分客户独特的价值主张，如何差异化地与竞争对手展开竞争，如何运用更为先进的管理工具提升企业的运营效益……

但若仔细分析就可以发现，看上去相似共生体内其实会有不同的商业模式。由于中国的农业产业化程度低，饮食习惯复杂多样，国内没有标准化的农产品，因此中国超市生鲜经营非常烦琐，国内各大超市大多是通过批发商供货和厂商联营的方式运作，以"产地—采购商—批发商—超市采购员"的多重渠道进行采购，由于几经转手，商品新鲜度和价格都缺乏保障。在这方面，永辉超市的创新是个成功案例。

永辉超市的自营模式通过"产地—超市采购员"的二元渠道进行统一采购，除了省去多层中间环节让运营成本和生鲜损耗大幅下降，还能以较大的采购规模获得更加优惠的采购价格。通过田间直采，生鲜产品从产地直接运送到物流配送中心或超市，将交易关系由"各供应商—各分店"转化为"各供应商—配送中心"，各分店的外部业务联系随之转化为企业内部工作流程，进货谈判大大减少，大幅降低交易及履约费用。通过自营直采模式，永辉节约了20%~30%的采购成本，农民赚得更多，消费者花钱更少，永辉超市的毛利率也远高于同行。以永辉超市为焦点的企业共生体中，去除了传统的采购商和批发商的角色，原本由外部利益相关方扮演的角色内部化。盈利方式也由价差模式取代了其他超市中的"进场费＋分成"的模式。相似的共生体可以衍生出不同的商业模式，围绕焦点企业的特点选择最佳的商业模式，正是通过改变焦点企业所在共生体中的利益相关方与交易结构带来新的价值。

★从共生体角度出发的商业模式设计步骤

商业模式的设计是从共生体的角度出发，从共生体视角围绕焦点企业展开设计的管理科学。一般来说，通常商业模式的设计需要分为四步，下面结合四川航空的例子来说明。

第一步：为现在的商业模式画像。

基于现在的商业模式，描绘出目前商业模式中的业务系统图，并注明相应利益相关方的盈利模式和现金流结构。通过描述现在的商业模式，可以帮助企业高管们梳理现有模式的假设前提，不同的利益相关方存在的机遇和挑战。这些既是企业高管运用商业模式思维展开思考的历练，也为新的商业模式创新指明了潜在的方向。

四川航空为了与其他航空公司进行差异化竞争，决定通过为往来四川的乘客提供免费机场接送的增值服务以提升乘客的消费体验，从而达到增加客户黏性，巩固自身在四川地区航空服务的市场地位的目的。但机场的接送服务并不属于四川航空的主营业务范围，为此四川航空找到当地机票销售业务的合作伙伴四川铁航旅行社，希望由其来提供这样的增值服务。四川铁航旅行社对此非常感兴趣，也希望借此机会强化对潜在订票客户的影响力。四川铁航旅行社初始设计是，购入一定数量的汽车，然后雇用司机，为四川航空的乘客提供及时的免费订车和接机服务。这里涉及三个利益相关方，即旅行社、四川航空和乘客。但在实际的操作中，四川铁航旅行社遇到了巨大的挑战，第一，购入一批汽车将对旅行社的当期现金流造成巨大的压力；第二，对旅行社而言，既缺乏车队运营管理的经验，也要承担车队运营的成本，包括司机的工资、油费以及汽车折旧费用。

第二步：多棱镜视角洞察利益相关方的潜在价值。

共生体由多个利益相关方构成，每个利益相关方本身是多种角色和资源能力价值的复合体，但我们在共生体中通常过于关注利益相关方的某一个角色或资源能力价值的重要性而忽略了其他，例如，冰箱的核心价值是冷冻和冷藏，但当冰箱放到家用厨房中还有美观装饰的价值。商业模式的多棱镜视角就是帮助我们重新认识到或挖掘出利益相关方身上的其他角色或资源能力的价值，把这种被忽略的资源能力价值或角色挖掘出来并围绕其展开新的价值创造设计。

四川铁航旅行社通过进一步分析发现，共生体中的各个利益相关方没有被挖掘出来的潜在价值：一是乘客维度。并非所有的乘客都是旅行社及航空公司希望吸引和保留的，为旅行社和航空公司贡献主要利润的是高端的商务旅行客户，他们通常没有时间提前订票，买不到优惠的飞机票，而且他们的时间更为宝贵，对订车接机服务的价值认可度更高。因此，可以规定只有买到五折以上机票的旅客才能享受到优惠的订车接机服务。这样，可以大幅度缩减提供订车接机服务的规模。更重要的是，商旅客户的消费能力更强且群体的特色鲜明，一直是广告商及其背后各大品牌厂商所青睐的群体。接下来要思考的是如何将这类商旅客户的潜在价值挖掘出来。这里给我们一个启示，通过对利益相关方群体进行重新的区隔可以挖掘去更为多元的潜在价值。二是旅行社的维度。如果一次性购买上百辆客车，可以形成规模采购的议价能力，从卖车行那里获得一个很好的折扣价格。而且如果一个统一的车队达到了上百辆的规模，也就有了类似于出租车、公交汽车的眼球效应，那就可以做车身广告了。这里给我们第二个启示，不同规模下的利益相关方能够拥有截然不同的潜在价值。三是司机维度。如果把传统模式下作为雇员司机看作像出租车司机一样的独立经营者，这样之前的内部利益相关方就变成了旅行社共生体中的外部利益相关方，在降低旅行社人员成本的同时还降低了车队的管理复杂度，但这需要有能够让司机盈利的乘客规模。

需要指出的是，同一利益相关方在不同的规模或时点下其潜在价值也会不同，从而带来商业模式的改变。比如，中国的小米手机就是从手机硬件着手，以传统手机厂商难以承受的超高性价比出售手机，迅速汇聚起千万级别的手机销量。强劲的销量提升了小米在整个手机采购、组装方面价值链的话语权的同时，也带动了小米手机活跃用户总量的提升，为小米持续获得手机应用、软件的获利打下坚实的基础。小米手机是以高性价比为手段加速实现销售规模的质变，然后以质变后的用户规模作为未来商业模式设计的基础。目前，小米的智能机销量在中国已经超过 iPhone，跻身世界智能机销量前列。

第三步：广角镜视角调整利益相关方。

我们把共生体作为价值创造、传递和实现的主体，利益相关方的变化将改变共生体的价值创造空间和实现效率，在此基础上设计焦点企业与新的利益相关方的合作方式。

拓展一个共生体的价值空间主要有两种方式：一是我们可以从现有利益相关方着手，发现客户的客户，供应商的供应商，利益相关方的利益相关方（以及这些利益相关方可能采用的基于新技术的活动），从而实现利益相关者视野的拓展；二是从现有商业生态中寻找各种可能合作的利益相关方和其从事的活动，并将这些活动环节切割重组，组建成新的利益相关者。提升共生体的价值实现效率，则要检验各个利益相关方在共生体中做出的贡献是否超过其投入的资源能力的机会成本，当初设立的假设以及目前发挥的作用是否还存在，或者存在更好的替代方式，然后做出调整的决策。

四川铁航旅行社选择卖车行的标准有两个：一是能够提供具有竞争力的购车折扣；二是与高端商务旅行客户的定位相符，从而提升乘客的消费体验。综合比较之后，四川铁航旅行社最终将选车范围缩小为 7 人座的商务乘用车。更为重要的是，这群高价值商务旅行乘客本身就是这类汽车的潜在目标客户，卖车行可以通过乘客的真实乘坐体验使其增加对汽车的直观认识，这样商旅乘客的潜在广告价值可以与卖车行无缝对接。

第四步：聚焦镜，业务系统、盈利模式和现金流结构的重新匹配。

业务系统、盈利模式和现金流结构的重新匹配。在新的商业模式设计中，首先，要明确共生体中各个利益相关方的角色调整与资源的投入；其次，结合各个利益方对结果的影响力与利益诉求，匹配盈利模式；最后，设计推演各个利益相关方的现金流结构，保障整个共生体现金流结构的顺畅，因为当今的商业世界，已经形成了一荣俱荣、一损俱损的共生体模式，如果一家企业的现金流出现问题，有可能因此影响共生体的健康发展。

四川铁航旅行社基于新的分析和利益相关方的引入，重新设计了自己的商业模式。这个商业模式里面的价值循环有两个：乘客乘车、搭载的循环，车辆销售、购买的循环。

先看乘客乘车、搭载的循环。乘客免费坐车，每一个乘客四川航空付给四川铁航旅行社30元，四川铁航旅行社则付给司机25元，司机每一趟坐满7人，一趟收入就是175元。这是一个多方共赢的价值循环：乘客节省了150元的出租车车费，并获得了车辆接送的服务便利。航空公司付给旅行社30元，但从五折以上机票赚取的金额更多，并不亏本，还建立了优质服务的品牌效应。旅行社从航空公司拿到30元，付给司机25元，每位乘客净赚5元。司机一趟车满座7人，每人25元，一共175元，比出租车150元好赚，而且生意稳定。

再看车辆销售、购买的循环。原价14.8万元的汽车，卖车行以9万元卖给旅行社，旅行社转手以17.8万元卖给司机，司机获得这条线路的五年经营权。这同样是一个多方共赢的价值循环。首先，卖车行并不亏。需要解释的是，乘客一上车，司机就会把卖车行提供的广告资料发给乘客，同时会主动介绍这款车。中高端商务客户正好是卖车行的目标客户，也能够借此机会获得真实的乘车体验。那么这部分对卖车行的宣传、广告贡献是必须考虑在内的。旅行社向卖车行每年收取1万元的宣传费，五年就是5万元。司机每天从机场到市中心往返 4 个来回，一年 365 天，一年就要介绍将近 3000 次，平均下来一趟才不过 3 块钱，这并不贵。此外，车身上还有售车热线电话广告，一个月收 100 元，五年就是 6000 元。再加上批量买车的购车折扣 2000 元，原价 14.8 万元的汽车最终售价 9 万元。其次，司机也有好处。花 17.8 万元买到了一辆车和五年的线路运营权，跟购买出租车牌照（现在出租车牌照动辄几十万元）相比合算多了。为什么司机不会直接用 14.8 万元跟卖车行买车？原因很简单，这样司机就得不到运营这条线路的权利。最后，四川铁航旅行社的利益是最大的。每辆车以 9 万元买进，17.8 万元卖出，净赚 8.8 万元。旅行社一共有 120 辆车，光这一项利润就超过 1000 万元。而且之后每位乘客乘坐旅行车都可以获得 5 元的稳定现金流收入，加之车身上的飞机票订票热线是低成本广告，旅行社通过商业模式的设计获得了可观收益。

商业模式的设计帮助四川铁航旅行社完成了原本看上去不可能的任务。如果仅从旅行社的角度来看，为乘客提供机场接送服务将成为一项沉重的负担：重资产、负现金流和低回报率。但当我们从整个共生体的角度来看，发现不同利益相关方的多维价值和角色时，旅行社竟能够从中获得巨大的收益，更重要的是共生体中的各个利益方都从中受益。挖掘共生体内蕴含的价值宝藏，正是商业模式的真正力量。

消费合伙人、共生经济完善消费保障体系

我国社会保险制度改革取得了令人瞩目的成就，尤其是在养老保险、失

业保险、医疗保险方面，一个适应市场经济体制、具有中国特色的保险制度已具雏形。但是，由于国力所限，加之我国的政治、经济体制改革正处于不断深化的过程中，我国现在的保险制度还面临着诸多问题。

一是人口老龄化的压力日益加剧，使国家资源配置陷入困境。目前，比如我国基本养老保险基金的部分平衡方式在我国人口老龄化到来时，会造成资金需求的急剧增长，社会负担加重，对国家财政的稳定非常不利。

二是社会保险覆盖范围明显过窄。目前，就全国而言，除国有、集体企业基本覆盖外，还有部分私营企业以及个体经济从业人员尚游离在社会保险范围外，农村人口的老年保障问题也尚未完全解决。

三是社会保险制度在具体运行中出现了若干难题，比如养老保险基金的来源渠道单一和投资渠道单一，使基金的筹集与增值方式在日益增长的养老金支付面前显得无能为力；养老保险管理体制和运行机制的不完善使现实的养老保险运作陷入困难境地。

正因如此，我们所说的消费合伙人模式和共生经济模式，就可以为我们的社会保障体系提供有益的补充。因为消费合伙人模式可以通过消费产品成为企业股东的方式把消费者变成拥有者，一起参与打造共享经济。而作为消费与投资的三大功能，无论是投资的功能、储蓄的功能，还是保险的功能，都是在真正实现生产资本、流通资本和消费资本三者的统一，生产者与消费者的统一，消费行为与消费价值的统一。而消费者所获得的消费增值奖励，就可以通过一个平台转入消费者的社会保险账户，作为消费者某一保险金的一部分。

举例来说，虽然很多人都有养老保险，但是这个养老金数额并不一定足够，或者不能完全保证退休人员的生活质量。那么，消费合伙人模式和共生经济模式就可以进行一个必要的补充，进而完善消费者的养老保障体系。

　　笔者甚至设想，未来全国建立一个统一的社会保险管理平台，将消费合伙人模式和共生经济模式的返利或者奖励资金，通过日清月结的方式也转入这个平台。那么，消费者领取退休金时，除了领取国家、企业和个人已交的养老保险金外，还能领取消费增值奖励带来的养老保险金，这样自然可以提升每个消费者的生活水准。当然，我们只是以养老保险举例，消费增值奖励也可以计入五险一金中的任何一项中。

第六章 商业模式变革的两大路径：
商业联盟、用户体验

失败的商业模式，有的是因为商业模式设计本身有缺陷，有的是对利益相关者考虑不周全，可更多的是商业模式设计偏离了商业的本质。那么，如何选择商业模式设计路径？一是商业联盟，二是用户体验。只有这样的商业模式，才能很好地满足人类的需求。

新型商业模式之一：商业联盟

商业联盟是指不同行业、不同层次的商家，或者同行业、不同层次的商家，通过网站联盟或组织机构联盟的方式，为了实现共同的利益，形成的商家联盟。商业联盟是商家未来发展的必然趋势。

★商业联盟形成的五种动因

第一，可以增强企业竞争力。随着产品技术更新换代的日益加快，没有一个企业能够长期拥有某种产品的全部最新技术。大多数企业采取的方法是尽量利用外部资源并积极创造条件以实现内外资源的优势互补。而通过与其他企业结成商业联盟可以很快地取得某些互补的资源和能力，这既有利于保持市场领导地位，又有利于应对竞争对手。借助与商业联盟内企业相互传递技术，加快研究与开发的进程，获取缺乏的信息和知识，并带来不同企业文化的协同效应。

第二，取得进入管制市场的通行证。由于某些国家对某些市场采取保护措施，因此它们会限制新企业进入该市场。但有时为了取得某些先进技术和经验，会允许境外企业进入该市场，但为了确保能够获得技术与经验的学习，通常要求进入市场的企业采取合资或特许授权的方式进入管制市场。此外，如果市场存在一些贸易壁垒，通过实行战略联盟也可以克服这些壁垒。因此，采用商业联盟可以取得进入管制市场的通行证。

第三，稳定市场，防止竞争过度。随着市场和技术的全球化，存在着大规模和多个行业进行全球生产的要求，但随着国际化大企业市场渗透力度的加大和市场占有率的提高，市场的分割最终会在大企业之间结束，如果大企业间继续展开恶性竞争，不仅降低各自的盈利水平，而且容易造成两败俱伤。因此为避免丧失企业的未来竞争地位，企业间通过建立战略联盟，可以协调参与企业的生产数量，以实现最大的规模和范围经济，并起到理顺市场、共同维持市场稳定的作用。

第四，分担风险和不确定性。对任何企业来说，研究和开发一项新产品、新技术常常要受到自身能力、社会环境、消费者态度等内外因素的制约，需要付出相当大的开发成本。这些因素决定了新产品、新技术的研究和开发具有很高的风险。在这种情况下，企业通过建立商业联盟的方式，可以结合其他的同业来共同制定技术标准或进行联合研发，降低或分担研发上可能存在的风险，同时还可以避免单个企业在研发中的孤军作战引起的全社会范围内的重复劳动和资源浪费。

第五，防止"船大"难调头。一个企业为了尽可能地控制企业的环境，必然要致力于企业的前向和后向一体化战略，这一努力过程不仅伴随巨大的成本投入，而且随着企业规模的不断扩大，为企业的战略转移筑起难以逾越的退出壁垒，甚至将企业引入骑虎难下的尴尬境地（如蓝色巨人 IBM 公司，曾经生产从内存、硬盘到芯片的所有计算机零件）。伴随企业规模的扩大、管理层次的增加、协调成本的上升，会导致企业决策缓慢，行政效率向着官僚式的低效率迈进。而商业联盟的经济性在于企业对自身资源配置机制的战略性革新，不涉及组织的膨胀，因而可以避免带来企业组织的过大或僵化，能使企业保持灵活的经营机制并与技术和市场保持同步。

★商业联盟运作模式

联盟将所有会员通过网络联系在一起，促成一种全新方式的商业联盟，达到资源共享的目的，使企业与顾客双方互惠互利。

比如说 A 店是餐饮店，为了让 A 店的经营不再单一化，通过一个平台，帮 A 店开设店中店，可同时经营超市、足浴、宾馆、酒店、娱乐总汇等。在商业联盟模式下，让所有联盟商家的顾客可以享受免费的饮料（如咖啡、茶等）。

商业联盟，是中国商业发展未来的必然趋势，通过商业联盟，借助市场资源整合，依托互联网或大型组织机构进行资源经营，实现城市联盟、行业联盟、商家联盟、消费联盟，形成资源联盟优势，使商家拓展销量，使消费者降低购物成本。

企业结成商业联盟，才能奠定有利的市场地位

作为一种新的商业模式，商业联盟是会员制的延伸版，是在会员制的基础上逐渐演变而成的。通过不同商家联合在一起，这就降低了经营风险，凸显了竞争优势，增强了发展动力，从而奠定商业江湖的市场地位。

★企业结成联盟的好处

企业入商业联盟具体能获得哪些好处呢？

一是降低营销成本。联合促销的费用一般是由双方和多方共同投入，相当于为你进行一定程度的免费促销，联盟各方影响扩大了，销量增加了，促销费用减少了，营销成本降低了。

二是区隔竞争，占有市场资源。让优势资源更为强势，使竞争者不可超越，在实际中并不容易做到。而企业间的深度合作可以在相当长一段时期内挤占区域内可利用的稀缺资源，让竞争者只能望洋兴叹。

三是提高促销效率，扩大品牌的可接触范围。品牌的形成及巩固需要不断通过各种媒介展示来传递品牌信息，而利用其他品牌已建立起来的营销传播渠道进行宣传，无疑是突破传统的一种新渠道，这相当于彼此"搭便车"，双方的边际成本减少，收益却很大。

四是使消费者利益最大化。使消费者尽可能多地得到实惠，这是联盟的核心竞争力所在。企业整合的实质是将分散的各大利益主体共置在一个公共的平台上，在这个平台上，各方均能在共同愿望的达成中实现自己的利益。很明显，联盟各方利益的实现是以愿景的达成为前提的，而愿望是一个关乎最终消费者利益的问题，要实现愿望，就必须实现消费者利益的最大化。

从目前经济发展情况来看，商业联盟是联盟各方的发展趋势。将企业的影响力集结起来，达成强大的商业联盟，逐步建立起强大的合作阵营，实行强强联合的大发展。

★商业联盟的意义

一直以来，国内企业在团结问题上都广受非议，也许是传统小农思想根深蒂固，中国企业给外界的印象一向是喜欢单打独斗。很多企业在经营过程中，往往意识不到团结的重要性，直到被竞争者逐步击败，从而失去整个行业的竞争优势。因此，商业联盟有其重要意义。

从联盟形式上看，商业联盟是不同行业、不同层次的商家，或者同行业、不同层次的商家为了各自利益而组成的，它的特点是有特定目标并且相对松散。从联盟目的上说，联盟是为了商家长期的战略发展而成立的，并且多是各个行业的联盟，这就可以实现资源共享，优势互补。

商业联盟的建立对国内众多商家绝对是件好事情，在当今"走出去"的大环境下，这种团结意识就更具有重要意义。联盟是介于独立的商家与市场交易关系之间的一种组织形态，它既没有集中化的权威控制，又不是市场上一手交钱一手交货的简单交易过程。可以说，联盟是商家间在研发、生产、销售等方面相对稳定、长期的契约关系。

总的来说，联盟的意义在于共享利益、减少每个商家的风险，减少投入成本。单个企业力量有限，如果对一个领域的探索失败了，损失就比较大，如果几个商家联合起来，或者在不同的领域分头进行探索，就减少了风险，不是一个篮子装鸡蛋，而是多个篮子装鸡蛋。

市场竞争中"两虎相争"的误伤

商业联盟所形成的强大竞争力，在商战中很容易战胜另一个竞争对手。从这个意义上说，联盟不是合作，而是市场竞争中形成的一种新态势。事实上，市场竞争者之间的PK，却让第三者受伤的例子在现实中有很多，比如，三星和苹果PK，结果诺基亚没了；王老吉和加多宝PK，结果和其正被误伤了；中国移动和中国联通 PK，结果小灵通没了；百事可乐与可口可乐 PK，结果非常可乐被误伤了……人们常说"二虎相争，必有一伤"，但上述这些案例说明：二虎相争，往往是竞争者相安无事，倒是第三者受伤。下面我们来看几个典型案例。

★凉茶之争伤了和其正

随着新经济时代的来临以及新媒体的不断涌现，越来越多的市场竞争形式出现了，然而，从 2012 年开始一直延续到 2013 年的凉茶大战却让我们看到了市场竞争的残酷性，加多宝和王老吉的凉茶市场竞争演化为全方位的"整合营销竞争"，两者长时间激烈的竞争成为整个市场"二虎相争"的典范。

虚假广告事件、业务员打架斗殴事件、抢占媒体资源大战、雅安地震捐款事件等，加多宝和王老吉成为各个时期财经类媒体的头条。凉茶似乎成了加多宝和王老吉之间的游戏。

事实上，加多宝和王老吉虽然争得不可开交，但却未到"你死我活"的状态，其中加多宝通过近几年的市场运作积累了大量的资金和资源，而王老吉有着国企的大背景也是不甘示弱，因此，两种声音出现了：有人支持加多宝，有人支持王老吉。两家通过电视广告、事件频出、网络媒体、地面攻势等营销传播手段，都相应获得了各自的利益。然而，这场备受瞩目的商战却因为眼球效应的缘故，把其他凉茶品牌给忽略掉了，包括和其正在内的凉茶品牌不但没有在这"二虎相争"中得利，还大大减少了市场曝光度和知名度。在消费当中，消费者似乎只记得凉茶王老吉和加多宝，却忽略了其他凉茶品牌。本来在正常情况下，和其正通过其营销传播运作获得一定的关注度，没想到与王老吉和加多宝之间相比，无论在传播力度上，还是在传播内容的受关注度上，都远远低于后者，显然，"二虎相争"给和其正带来的伤害要远远高于加多宝和王老吉。

★金山激战奇虎360，卡巴斯基出局

2010 年 11 月，就在奇虎 360 与腾讯因为隐私保护器一事争得不可开交之时，作为同行的金山安全和卡巴斯基站了出来，指责 360 软件存在重大安全漏洞，且虚假宣传。

本着敌人的敌人就是朋友的原则，在腾讯与奇虎 360 激战之际，与奇虎 360 本就有怨的金山安全与卡巴斯基实验室纷纷用杀毒产品免费一年的方式声援腾讯。这一举动使得腾讯手中又多了一张谈判用的牌。

金山安全与卡巴斯基实验室的免费举动，其实不仅仅对奇虎 360 造成了冲击，其他安全厂商同样也将感受到免费策略所带来的压力。

金山安全方曾监测到一款名为 "360 U 盘保护" 的恶性木马利用 360 软件管家以及 360 杀毒的重大安全漏洞快速传播。该木马使用 360 安全卫士官方的数字签名以躲避其他杀毒软件的查杀，而 360 官方未能及时修复漏洞。

卡巴斯基对奇虎 360 在新型病毒 "超级工厂" 事件中欺骗和误导用户表示愤怒。先是奇虎 360 将病毒 "超级工厂" 未在中国大规模爆发归功于 360 产品的防护，卡巴斯基则认为奇虎 360 虚假宣传，卡巴斯基发布的声明称，"像 360 这样的非专业安全厂商，没有相应的技术和能力在第一时间截获'超级工厂'"。对此，奇虎 360 回应称，卡巴斯基的声明与事实严重不符，并使用了侮辱性的语言，决定正式起诉卡巴斯基公司。

2010 年 11 月 4 日，金山宣布金山毒霸免费一年，紧接着，卡巴斯基也

高调宣布推出免费卡巴斯基安全部队 2011 年版产品。

★百事逆袭可口可乐，非常可乐不可乐

现阶段可口可乐、百事可乐在中国的市场所占比例非常大，而国产的非常可乐所占比例非常低，宗庆后在国内可乐市场上的竞逐已宣告失败。

非常可乐是娃哈哈公司在广泛市场调研的基础上，根据中国人的口感研制的可乐型碳酸饮料，含气量高，口感好，不添加防腐剂，更符合现代消费心理。然而，产品特色的缺失、消费人群定位的模糊，在和两大国际巨头——可口可乐和百事可乐的战局中，非常可乐很快败下阵来，且无还击之力。

从"MORE（无限渴望）"到"DARE FOR MORE（突破渴望）"，百事可乐始终将产品定位在国际品牌上，百事可乐无时无刻不在宣扬自己的新潮、流行；暗示可口可乐的老化、腐朽。百事可乐在全球长期推行的"体育＋音乐"广告模式，也正逐渐成为世界性品牌广告的未来趋势。从口味到价格、从定位到广告、从营销活动到明星代言、从商业文化到包装变化……两大可乐巨头燃起的这场硝烟似乎永无宁日。

百事可乐与可口可乐百年之战的背后，隐藏着后进品牌的成功秘笈：百事可乐在一次次的对决中巧妙地运用插位战略，来实现梦想。

百事可乐进入市场之初，可口可乐可以说已经稳居行业榜首，并且赢得了广大消费者的信赖，百事可乐在最初仿效策略受挫之后改变了游戏手法，站到了可口可乐的对立面：你是正宗、传统的代表，那么我就是新一代的选择。百事可乐此举成功地开辟了一个消费者都认可的可乐新市场，它以消费者人群作为划分依据，并且在给自己标榜的同时，定义了可口可乐的内涵：

你是老的，我是新的，我们分属两片市场，同为老大，互不干预。就这样在短时间内，百事可乐轻松地建立起了自己的王国，并逐步成为一个实力雄厚，唯一能叫板可口可乐的强势品牌。

★京东苏宁大战伤了国美

2012 年的苏宁与京东电商大战异常激励，虽然后来相关各路电商纷纷站队加入战营，但事件的主角显然已经定下，无法更改。事实证明，因为这场电商大战真正改变及夯实了两者在电商行业的地位。颇有意思的是，这场大战没有伤及天猫和淘宝，却让国美旗下两大网络商城国美在线和库巴网受到很大的波及。

2013 年 4 月 18 日，国美试图再次挑起电商价格大战，甚至雇用媒体在事前大量炒作，2013 年 4 月 7 日，距离国美集团高级副总裁、国美在线董事长牟贵先发布电商行业首份清明"悼词"之后不到一周的时间内，国美在线的"最强店庆月"登场，这意味着电商行业的价格大战不仅不会停止，反而会变本加厉。然而，事与愿违，此次"最强店庆月"并未获得京东的迎战，一个巴掌拍不响，国美在线只得自娱自乐。

★丰巢联盟对抗菜鸟

2015 年 5 月 28 日，菜鸟网络（以下简称菜鸟）组织召开第一届快递江湖大会，包括申通、中通及邮政等快递企业在内的 500 多名合作商聚于杭州，却意外听到菜鸟网络 CEO 童文红表示，菜鸟打算祭出分层服务伙伴计划以及各类评价机制。

然而，不是所有人都乐见菜鸟统一整个快递江湖。大会后不久的 6 月 6

日，顺丰联手申通、中通和韵达率先反水，一起投资 5 亿元成立"丰巢科技"（以下简称丰巢）来直面菜鸟的竞争。按照规划，丰巢智能快递柜将在 2015 年内完成中国 33 个重点城市过万网点布局，并与万科物业、中航地产、中海物业等地产物业核心企业深度合作。

由于丰巢的创始股东聚合了国内最大的几家快递公司，顺丰以及"两通一达"（申通、中通和韵达）四家公司在国内拥有超过 8.7 万个服务网点，85 万名一线配送人员每日递送全国 50% 以上的快件，强大的网络优势令丰巢一成立就极具想象空间。

丰巢的出现，直接冲击了菜鸟的布局。为了抗衡丰巢，2015 年 6 月 10 日，菜鸟宣布，百世汇通和圆通将先期加入菜鸟驿站，向社会开放其末端代办点为公共自提点，为网购用户提供包裹代收服务，力求快递业解决"最后一公里"问题。此次合作首批上线试点城市主要集中在上海、广东、浙江、江苏、青岛、济南等地，三方合作站点年底目标数为 1 万家，届时可覆盖全国各主要城市。

事实上，顺丰速递此前一直是个自成一派的独立角色，现在却愿意与其他竞争对手结盟，这恰恰反映了联盟新态势下第三者（菜鸟）"躺枪"的商业现象。

最后必须强调的是，由于很多企业在商业活动中过度追逐利益，因而企业竞争文化的培育十分必要，尤其是在联盟之后，不仅仅要维护竞争机制、尊重竞争规则，培育服务大众、服务百姓的竞争文化更具现实意义。比如，在联盟内部要注重联盟各方人的思想、情感、价值观念、人际关系等，在联盟内部形成良好的人际关系和文化氛围，在充满团结、和谐和友情的环境中，增强企业活力，促进企业生产力发展。竞争不但是一种经济现象，而且是一种文化现象，具有强大的动力。竞争文化可以理解为维护竞争机制、尊重竞争规则的一种共识和氛围。总之，联盟新态势下的竞争并非血淋淋的你死我活，还需要竞争文化。

新型商业模式之二：用户体验

中国一直以来在实现跨越式的发展，为什么这么说呢？我们可以看到消费者互联网的使用发展非常快，不管是聊天工具方面还是输入法方面的发展，消费者发挥的作用都非常大。正如奇虎 360 CEO 周鸿祎所言："用户体验决定产品成败。"正因为如此，现在很多公司正在调整自己的商业模式，通过商业联盟的方式为用户提供舞台，用户可以借助这个平台实现用户体验，从而争取抢占更多的消费者。目前，人们常说的"明星效应"、"圈子文化"、"刷存在感"也都是用户体验的表现。不难看出，一个成功的商业模式就在于极致的用户体验。

商业联盟提供舞台，用户实现消费体验

商业联盟是一个基于移动互联网创新的组织，在需求端为用户提供全新消费体验，在供给端为生产供应商提供有效的消费数据分析。先来看看下面

这个例子。

2016年3月27日上午，香港佳亦嘉国际集团控股旗下佳亦嘉商业联盟在江苏省淮安市召开新闻发布会，宣布该商业联盟正式成立。

据了解，江苏省淮安市的各级政府为实施中央产业转型升级大战略，所创造的亲商、重商、全力支持新型消费服务型产业的和谐宽松多赢的良好环境，吸引了佳亦嘉商业联盟成为政府重点新型产业招商引资项目。在当地政府的积极支持配合以及经过全体员工夜以继日的不懈努力，在短短八个月的时间里，该公司在国内的网络基础设施系统平台就已基本搭建完成。目前基于安卓系统及苹果系统的APP已正式上线启用，并与数千家消费类生产供应企业建立了战略合作联盟关系。同时，这家公司根植江苏、辐射全国，北京分公司、江苏分公司、湖南分公司、山东分公司和安徽分公司现也在筹建、完善阶段，广东分公司已筹建完成。香港佳亦嘉国际集团作为一家深耕国际互联网线上线下营销及服务领域的企业集团，凭借旗下佳亦嘉商业联盟半年来的运筹帷幄，将以全新的用户消费服务体验带给中国庞大的各个层面的消费者。

该联盟主营线上、线下资源整合业务，为用户提供全新消费模式，这是一场颠覆传统消费模式的商业革命，不但可以帮助企业有效地创新升级产品，更好地满足广大消费者的需求，而且还配合了中国当前正在推进中的供给侧改革、促进消费升级、拉动内需、转换经济增长模式。佳亦嘉商业联盟"消费赠送的商业模式"能够有效地激发消费者的消费热情，最大限度地释放社会消费潜能，有效地提高消费者的消费能力和消费幸福感，从而实现李克强所倡导的"让广大人民群众能消费、敢消费和愿意消费"。该公司经过2015年在国内的初期规划筹备，2016年将扩大在国内代理网络，实现线上加自主实体的集团战略，形成集商家与消费者在线商业联盟、在线电子商务、实体连锁主题商务酒店、连锁超市、连锁老年公寓为一体的企业集团；2017 年将整合国内外市场上已建立的供应商及消费者网络资源，以扩大国内、国际生产供应商及消费者的供应渠道及消费领域；2018 年完成企业在美国纳斯达克的挂牌上市，同时佳亦嘉将建立上市公司股票期权制度，奖励在国内优秀区域代理商，通过紧密的合作，共享企业发展成果；2019 年将以企业并购方式实施消费产业链上的纵深发展规划；2020 年争取实现国际化稳健发展。

★消费者为什么需要商业联盟？

消费者之所以需要商业联盟，是因为社会化大生产使社会分工越来越细越专业，专业到将这种分工重新按消费者个性化需求进行组合、归集、整合时，也就成为一种高超学问和艺术。现代化生产分工的目的是操作简单和规模效应，但营销图简单只会增加消费者麻烦，所以商业联盟对分工提出了更高的管理和联合要求，但在前台展示给消费者带来的却是更加简便和省事。如对消费者的美容需求实行"一条龙"或"一站式"打包服务，能节省消费者在产品异地搭配、服务组合选择上所需时间，解决消费者在社会分工后重组美容资源的专业知识的不足。同时，重复建设式的外延扩大再生产，使产品高度同质化、营销方式同质化。那么不在同一个行业重复建设资源，只是将现有分散各行业资源进行重新排列组合，优化资源配置，发挥协同增效，减少拮抗阻效是不是能提高全社会生产效率，更好地满足消费者？此外，企业间强强联手还可以不断提高行业准入门槛，减少竞争对手，避免恶性竞争。这就是商业联盟产生的现实需要性。

商业联盟的生命力在于使消费者利益最大化。就是要使消费者尽可能多地得到实惠，这也是商业联盟最大优势。企业整合的实质是将分散的各大利益主体共置于一个公共的平台上，在这个平台上，各方均能在共同愿景的达成中实现自己的利益。很明显，各方利益的实现是以愿景的达成为前提的，而愿景是一个关乎最终消费者利益的问题，要实现愿景，就必须实现消费者利益的最大化。

★商业联盟要从多维度思考

众所周知，通过商业联盟所要达到的目的，从营销策略上分析无非有三：一是品牌推广，即通过活动提升品牌形象；二是促进销售，即通过活动提升销售规模；三是品牌与销售双向推广，即通过活动达到提升品牌与销售的双效结果。

企业在制定商业联盟营销策略时，一定要从以下几个维度考虑：一是品牌的互补性；二是产品的互补性；三是渠道的互补性。只有这三种原则基本达到，商业联盟推广方式才能产生实际效果。

商业联盟的品牌互补性，也就是两个或者多个商业联盟的品牌有没有关联性。而皇狮地板与创佳彩电，从理论上虽然具备品牌关联度与互补性，家居与家电都是新房装修或者组成新家庭的主要物品，但是为什么实施起来，其效果不好，主要原因是缺失产品互补性与渠道互补性两大原则。

商业联盟的产品互补性，是指两个产品有没有关联性。消费者在选择买地板时，会不会因为考虑到有彩电的赠送而进行购买呢？就算在企业商业联盟主动推广下，消费者都可能不会"买账"。所以皇狮地板与创佳彩电，在产品上就没有多大的关联度，更谈不上互补性。

商业联盟的渠道互补性更为重要。因为从销售角度来讲，一是目标市场与客户双方吻合才能产生资源共享效应，只有这种渠道在销售过程中才具有互补性；二是销售渠道与销售终端能否相互融合，这更是渠道互补性的关键所在。例如，橱柜企业与厨电企业，这种就是商业联盟渠道互补的标准案例，在这两大行业的专卖店中，可以卖厨电同时以橱柜为置放背景，卖橱柜的企业可以以厨电点缀环境，况且两者都是以专卖店为销售渠道核心，关联度大，如果有商业联盟推广手段助力，就可以打造成为"精美厨房一站式"的优质服务，从而推动双方的销售。

明星效应，打造体验经济

马斯洛有言，人有五层需求，当基本的生理需求和安全需求被满足之后，人们就需要爱、关注、尊重。在温饱问题解决后，新的消费需求既是第一生产力，也是大部分社交 APP 创新的原动力。因此，发挥明星效应来打造粉丝经济，为企业带来更多与消费者互动的可能性，也成为用户体验这种新商业模式的一种表现。

★明星代言，自有缘由

仿佛一夜之间，娱乐圈里面的很多明星都出任互联网企业的 CEO、COO、CJO，颇有点"不务正业"的味道。其实企业聘请明星出任企业高管并不是新鲜事儿，尤其是在互联网领域，其中更是不乏成功案例。这里盘点一下近几年互联网圈里那些企业是如何和大明星们一起创业的。

案例一：周杰伦出任唯品会首席惊喜官

2016年3月25日，唯品会正式宣布了周杰伦入职唯品会担任CJO——首席惊喜官。其实早在半个月之前，一张周杰伦担任唯品会CJO的工牌照片就开始在微博、微信等社交渠道流传。

CJO这个职位是专门为周杰伦设置的，唯品会与周杰伦的合作不仅在跨界营销方面，而且还会从周杰伦的身份出发在唯品会发布一系列吸引用户的产品。周杰伦也表示，于同年4月在唯品会发布自己的原创服装品牌PHANTACi，还会带动哈林等20位明星好友的原创品牌及联名设计入驻唯品会。周杰伦加盟之后，唯品会除了原先的大牌特卖，又加入了原创潮品的销售，更加丰富了商品的种类。

案例二："胡歌和小红书的三天三夜"

2016年4月，小红书即将三周年，其策划了"胡歌和小红书的三天三夜"系列活动。小红书通过将胡歌打造为一个普通用户，跟着小红书的笔记寻找好东西，营造了非常真实、清晰的使用场景，代入感很强。小红书品牌团队认为小红书是一个真实的社区，和真实的人打交道，得到真实的信息，去做真实的事。

在打造社区品牌的概念上，小红书采取了更加立体化的传播方式。在《奔跑吧兄弟》中的部分出租车背后插入电子屏广告。而在微博上更是通过各种活动吸引大片胡歌粉围观互动。另外在其官方公众号上，专门设立了胡歌一栏，包含了活动的视频、胡歌语音回复、照片，整个活动更加鲜活人性，让明星影响最大化。

案例三：黄致列出任御泥坊首席体验官

2016年4月8日，御泥坊方面发消息称：御泥坊现已正式签约黄致列出任首席体验官 CEO。御泥坊总裁方骅以略带调侃的语气发了一则朋友圈："公司员工工号已经增加到 2020 号了，成本压力好大，电商真的不赚钱。欢迎新员工入职，他今晚去参加歌唱比赛，希望大家投他一票。"这位新晋的 2020 号员工就是黄致列。签约黄致列出任御泥坊首席体验官 CEO，官方发言人称是为了更好地致力于为消费者打造更优质的面膜护肤体验。

案例四：陈坤投资美妆电商天天网成股东

2015 年 7 月，刚刚完成 B 轮融资的美妆垂直领域电商天天网宣布引入陈坤作为股东和代言人，联合启动"星妆品牌"战略。创始人鞠传果表示公司正在酝酿国内上市。本次引入股东陈坤作为代言人，实施"星妆品牌"战略，天天网将负责产品的生产、销售、设计衍生品等内容；明星团队主要负责明确品牌定位、产品设计研发和新媒体交互传播等内容。明星将从中获得产品销售分成，并非简单的明星代言广告。

案例五：鹿晗出任电商 APP"达令"董事

2014 年 12 月 12 日，鹿晗的达令首秀"嗨，达令"在一夜之间就被转发和评论了几十万，而其强大的个人魅力也使这个名不见经传的电商 APP 在 AppStore 的热门搜索中排名第一，下载过百万。

2013 年 5 月，"达令替鹿晗请个假"也为这个电商后起之秀赢得了更多的关注度，"达令"第一批种子用户也大多是鹿晗的粉丝。除了收获当红小鲜肉，"达令"也同时获得了 IDG、红杉资本、今日资本三大顶级风投机构的投资。

案例六：Angelababy 与电商的合作

2013 年 6 月，中国最大的独立海外购物平台洋码头与 Angelababy 联合宣布，双方达成深度合作。Angelababy 在洋码头"扫货神器"上现场直播她在海外扫货血拼的场景，用户可以同时通过网络跟她一起去海外扫货。另外，还会有 Angelababy 独家的全球购物攻略和时尚心得分享给用户和粉丝。

除了"扫货神器"，Angelababy 还为美丽说 HIGO 品牌拍摄了新一季的形象广告，未来 Angelababy 也将为美丽说 HIGO 用户提供专业的时尚服饰、全球美妆以及全球精品的时尚建议与指导。

其实，企业聘请明星出任高管完全是由原来的明星代言模式升级而来的。这种现象也不仅出现在美妆等时尚圈，其他行业内早有众多先例。例如，高晓松、宋柯分别担任阿里音乐董事长与 CEO，何炅出任阿里音乐 CCO，李湘加盟 360 影视出任 CCO 兼副总裁等。各行各业都争先恐后升级与明星的合作方式，这背后或许存在一些我们可以猜想到的缘由：

一是明星本身就具有很强的话题性和关注度。明星庞大的粉丝群可以轻而易举就被转化为第一批用户，因此，大部分企业也愿意与明星进行合作，而这些明星效应所带来的附加价值也可以作为其占股的资本和条件。此外，在这个处处"拼脸"的时代，明星本身所代表的时尚定位也与产品所追求的形象不谋而合。

二是合作程度越深，越能为企业获取更多的影响。从较早期的"庚Phone"、"uGate U1"等主要预装了明星壁纸、视频、主题等的产品，我们可以看到的是，明星在其中的定位与参与度更像是品牌代言人，产品推出前期为其造势站台，但后期却逐渐淡出，之后便销声匿迹。而如今明星出任企业高管，投资的参与程度正逐步深入，明星自身投入的精力与资源也不断增加。明星"刷脸"就可以吸引人群关注，那如果把产品变成明星自己的，在质量各方面过关的前提下，一定会获得更多受众的光顾。

明星加入企业后，既能够发挥其广大的影响力，为企业站台宣传，又能够规避直接代言承担的风险与责任，企业针对明星宣传的玩法和噱头也大大增加。这么看来，邀请明星任职，比单纯请一个代言人要划算得多。

★明星效应催生的粉丝经济

明星不仅为企业代言，如果你关注明星动态的话，不难发现明星效应下粉丝经济的崛起，现在已经有很多明星开创了自有品牌。

任泉是人们心目中的"公孙策"，但是他现在基本上不出现在电视荧屏上，而是在经营一家连锁火锅店。其合伙人中还有李冰冰与黄晓明，只是作为这火锅店的大股东，李冰冰与黄晓明依旧在银屏上忙碌着。

包贝尔开的火锅店在开业的时候，差不多半个娱乐圈的大咖都去涮了一下火锅。进入餐饮业的还有《非诚勿扰》的主持人孟非，他开设了一家面馆，据说味道还是蛮不错的。

开创品牌的不仅仅只有任泉、包贝尔、孟非，还有郑凯、李晨、陈建州、五月天、汪东城、罗志祥、周笔畅、周杰伦、林俊杰等，诸多明星之所以扎堆开创自己的品牌，是因为这些明星拥有一批忠实的粉丝群，只要稍微互动，就可以打开销路。这就是明星效应下产生的粉丝经济。

微信的成功是立足"圈子文化"和"刷存在感"

在网络上，微信有朋友圈，QQ 有各种群，集结着相同兴趣、爱好的朋友。回家过年，还有同学聚会、战友聚会等，也组成一个个的圈子，这是群居社会难以避免的。人们在圈子中寻找存在感。

★微信的"圈子文化"

我们都知道微信之所以能够实现营销的功能是因为它能够将我们的潜在客户圈起来，在这个圈子里，我们可以去传播我们的思想、推销我们的产品、打造我们的品牌，将微信平台建立成我们的一个自媒体。那么微信又为什么会成为现在营销的一个主流呢，因为微信让营销"活"了起来。

微信的"圈子文化"，首先在于定位准确。要建立自己的自媒体，首先就是要有一个精准定义的圈子，这样潜在客户才能找到我们，进而加入这样一个圈子。微信营销最重要的就是建立一个自己的圈子，而这个圈子里的客户就是我们的资源，客户是营销的基础，也是营销的根本。在巨大的市场容量中，能够让这个圈子里客户资源不断地增多，就是微信营销的起步。

微信的"圈子文化"注重投其所好，它可以将一群有着相同需求的人聚集起来。现在很多人提出了所谓的"创造需求"，其实这个是根本不存在的，需求永远都在，而我们只能去发现，而不能创造。只有能够了解微信圈子里人们的喜好，并且不断地满足他们，这样圈子里的人才会稳定性地增长。我们的客户有跳出这个圈子的权利，而我们需要给他们一个留在这个圈子的理由。

微信的"圈子文化"有深度，内容为王是一个重要因素。现在的微信公众平台账号已经达2000多万个，而现在市场上的客户根本不止这些，那么如何才能让我们的微信圈子保证一定的市场竞争力呢？那就是内容。我们这个社会不缺心灵鸡汤、不缺励志故事，也不会缺少媒体平台，我们真正缺少的是在一些专业领域，具备独到见解和现实认知的内容，来帮助我们更好的成长。

微信的"圈子文化"注重交集，彰显人性，如果我们微信的圈子单单只是用来营销，那么它早晚会慢慢地失去价值。微信营销的真正价值是建立一个营销人脉。我们通过与客户的交流去营销、去发展、去服务，口碑传播也是当下最好、最具效果也是最具公信力的传播方式，让自己的微信可以成为一个交流的平台、交友的平台、营销的平台，这才是我们的目的。

总的来说，微信是一个圈子，一个具有活力与文化底蕴的圈子，每一个人都能成为一个建立者，但是，不是每一个人都能成为一个管理者。了解微信的圈子，让自己的微信营销"活"起来。

★微信的"刷存在感"

微信风靡也有六七年之久了，公众号信息庞杂、朋友圈鸡汤过敏的声音渐次出现，恰似新婚燕尔过了甜蜜期，厌腻之感缓慢萌生。而正当人们关注微信的后续发展情况时，微信却已经在狠刷存在感了。可穿戴、微信支付，新闻、资讯，游戏、社交……微信在移动互联网触及的各个领域狠刷存在感，一个领域都没有落下。

我们不断刷新主页，为的是看到有多少人第一时间关注了我，并且点赞，又有多少人对我的动态做了文字回复，对于那些我期待，却没有关注我的动态的人，自己默默地感到失落。久而久之，我们已经养成了每天睁开眼睛第一件事刷新 QQ 空间好友动态，每天睡前最后一件事刷新微信朋友圈，没事的时候刷新，有事挤出时间也要刷新 QQ 空间和微信朋友圈的习惯。

在从众心理的驱使下，人们很容易忽略对内心动机的分析。我们应该使用微信这一便捷工具传播积极正面的力量，而这也是善用了微信这种传播力的积极面。

成功的商业模式是跟合作者共赢

★有利益才有合作

现在大部分商业模式的合作者并没有赚到太多钱，这是一个很大的问题。打造商业模式一个非常重要的条件是所有的合作者都必须能够比他自己独立赚到的钱更多，能够更轻松地赚钱，这样别人才会选择继续跟你合作。

要想成为一个社会普遍承认、人人尊敬的企业，必须要带领参与者们一起致富，一起去赚市场的钱，而不是只顾一小部分操盘手的利益，而分走了大部分投资者的钱。事实上，现在有一些企业，以根本就不可能兑现的承诺，诱惑投资者购买天价商品，然后因商品的天价而不能进入市场，最终堆放在渠道中烂掉或过了使用期，造成巨额亏损。

经过了几年的实战，我们都已知道，实体企业和互联网企业的竞争差异，不是商品能力和营销能力的不同，而是服务质量和售后服务，以及服务效率的大比拼。要做到这一点，客户数据收集、分析运用的能力，就成了必须要重视的大问题。而掌握了人工智能，就是掌握了对数据的运用，就是有了精准了解商业销售、消费习惯、消费路径，乃至消费趋势的神器。传统零售企业在这一块几乎处于空白，对自身顾客的统计，都还基本处于办积分卡的原始阶段。因此，我们可以认定，数据、场景、技术的创新将成为未来服务业的核心。时至今日，已没有人能否认大数据对精准服务有强大的助推价值。因此，传统企业要想在"互联网＋"称霸商业市场的当口杀出一条血路，除了把购物场地选得更加就近，交付方式做得更加便捷到位，货架上的商品更加丰富，品质更加有保障，且人人都能参与体验，也心甘情愿地参与体验。

★设计商业模式，打造生态圈

前面我们讨论过，商业模式要贯彻并执行"利众生、利百姓"的理念，这样的商业模式才能有助于打造一个真正意义上的生态圈。

大家进入阿里巴巴的淘宝、天猫这个生态圈，就忍不住消费它的产品和服务。这是一种非常简单的逻辑。如果我们单独去看淘宝、天猫，它们是一个过路费的模式。表面上是在卖眼球，通过直通车、聚划算在卖眼球，但它们不是一个简单过路费的模式。其实马云希望通过他的支付宝来打造一个生态体系，打造一个生态圈，希望更多的人能够参与这个的生态体系。尤其是现在O2O的生态圈，更多的就是在这么一个思路。事实上，淘宝和天猫的生态模式正在发生一些变化，阿里巴巴正在构思通过支付宝来构造一个更大的棋局，更大的一个生态圈。

当然，像微信的创造者腾讯以及百度搜索的创造者百度也用自己的商业模式试图打造一个生态圈，几乎所有的企业最后要么操控这么一个生态圈的商业模式，要么成为生态圈中一个非常重要的参与者。只有这样，才能够确保未来企业的利润和企业的健康。

第七章　社群化是传统电商
模式变革的方向

　　社群电商是传统电商或者移动电商的深化延伸，是商业意识形态的觉醒，具有强大的生命力和值得期待的未来，因此它是传统电商模式变革的方向。为了深入理解这一新型商业模式，本章内容进行了广泛深入的讨论，议题包括：传统电商消亡，社群电商崛起；社群经济的表现；社群电商的价值体现及关键词解读；社群商业"内容＋社群＋商业"的商业模式；社群商业变现模式；社群电商的未来发展趋势。这些议题对我们在大消费时代进行商业模式变革意义重大。

传统电商没落，社群电商崛起

互联网的双向传播属性打通了企业和消费者之间最短的距离，吸引一群人的关注不再是一件多困难的事情，利用这些关注，只要方法得当，任何企业都有机会在这个竞争激烈的市场里建立自己的市场地位，这种模式，就是社群电商。何为社群电商？打个比方说，你是个玩车高手，你有一大部分同样爱玩车的朋友或者网友，那么这个玩车的群体中的威望者就能号召大家，组织大家一起玩、一起吃、一起爽，这就是社群电商模式。

★社群电商与社群经济的区别

社群电商与社群经济之间是一个归属的关系，社群电商是社群经济线的一个表现。用一句最简单的话来说，社群经济是以内容为中心，以服务为基础，以口碑为传播媒介的一种信任经济，古代的商业模式就是最早的社群经济。虽然社群经济在互联网上的讨论比较热烈，但它绝非互联网的专属模式。社群经济是一种商业意识形态，它简单归纳起来可以用四个字概括——以信立商。

古今中外，以信立商一直是支撑企业长久的根本，社群经济宣扬的也是诚信经商这个商业古训。社群经济贯穿整个商业世界，它既可以在线上，也可以在线下。一切可持续存在的企业，都应遵循社群经济的关键核心。社群经济从诞生之初就带有粉丝特性，即消费者对于品牌的坚守。

互联网时代的社群经济更多了几分"大伽"的味道，所有成功的社群发起人多多少少都有一些明星的属性，都拥有一群坚实的拥趸。然而我们不能因此而简单地将社群经济归纳为粉丝经济，社群经济相较于粉丝经济，更多了一份理性的价值认同。绝大多数的社群成员更多的还是会去考量社群所发布的产品，产品的价值最终决定了成员的去留。

★社群电商与传统移动电商的区别

社群电商是社群经济在线上的一个衍生，它没有传统电商所谓的 B2B、B2C 或者 C2C 等的划分，它是可以三者兼容存在的。随着社群电商概念的逐渐火爆，尤其是《罗辑思维》等自媒体社群电商的走红，社群电商的概念出现错误的认知趋势。

一些营销公司企图将社群电商描述为传统电商或移动电商的颠覆模式，正如当年微博、微信或微商概念出现的时候一样，它们企图通过一种新的商业概念的走红而从中牟取暴利。正如本书一开始描述的那样，社群电商绝对不会是一个颠覆性商业模式，而是商业本质的一次归回，是传统电商和移动电商的一个延伸。

从某种意义上来说，社群电商是一套客户管理体系，通过客户的社群化可以充分激活企业的沉淀客户，它摒弃了传统的客户管理方式，将每一个单独的客户通过社交网络工具进行了社群化改造，利用社会化媒体工具充分调动了社群成员的活跃度和传播力度。

社群电商的模型不仅适用于传统电商，也适用于移动电商，甚至它也适用仅仅通过社交工具进行销售的微商。事实上最早的微商其实就是诞生于社群电商的，只是在后来的发展中整个商业生态逐渐出现了偏差。

★社群电商的优势

通过传统电商或者移动电商到社群电商的转变，我们发现了一个问题，就是中心化的平台被瓦解了。事实上，中心化虽然还存在，只不过是大小的问题，天天说去中心化的那帮人，他们自己就是一个中心，罗振宇说去中心化，结果自己吸引了600多万粉丝，他自己成为了中心。只不过传统意义的中心化会越来越小，借用微信的一句话，再小的个体也有自己的品牌，这句话的隐含意思就是，再小的个体也能成为中心。这就是为什么像阿里巴巴、京东这种超级巨无霸平台很难再出现的原因。

社群电商的本质是个体孤独和自我实现的客观表现。根据马斯洛的需求理论，这是高层次的三个需求，即社交需求、尊重需求、自我实现，就跟游戏级别一样，这是高阶级别，是上升到精神层面的需求。如果一个人把精神层面的东西放到一个陌生的格格不入的平台上去，那肯定不行。

社群电商的属性是有用、有趣、有情、有利，这是一个社群电商的四大属性，排序有讲究的，利是放在最后面的，当前面三个属性都满足的时候，利就不成问题。这就是这群电商的优势，这是一个群体，不是单个个体，更不是层级代理利益关系的群体。这是一个品牌的自我救赎之路，这是一个社会商业的自我救赎之路，这是一个商家主动自觉地供给侧结构升级的驱动力。

社群电商：社群经济的表现

社群电商不是传统电商或者移动电商的颠覆模式，而是两者的一个延伸，它是一种商业意识形态的觉醒，而非一个新的商业市场，它是社群经济的表现。

★用"用户意识"代替"客户"的概念

社群电商是传统电商客户系统的升级，在这个过程中，最重要的一个核心就是"用户意识"的改造，需要用"用户意识"来替代过去"客户"的概念。这是社群电商在社群经济转化过程中首先需要解决的思想问题。

所谓用户，就是产品的重度消费者，是长期为企业和产品提供利润增长的那一部分消费者。用户和客户之间的区别，与平台的注册会员与消费用户的道理是一样的，很多平台宣称自己有几亿注册会员，然而事实上真正的消费用户占比非常低。

社群电商用户社群化的改造当中，企业需要充分了解自己的价值核心点在哪里，要了解用户选择自己的理由，需要充分刻画自己的用户画像，并从中分析用户的兴趣点，在用户的兴趣点和企业的价值之间寻找连接，以此将用户纳入到自己的社群体系当中。

社群体系的建立不是一股脑地将过去的客户引导过来关注自己的公众号或者微博，也不是简单地把所有的客户拉到一个个 QQ 群或得微信群里去，它需要企业对自己、对用户有一个全盘的分析了解过程。

企业用户的社群化改造是一把"双刃剑"，做得好可以呈几何级地传播自己的影响力，做得不好会加速自己的失败。对于一些产品本身质量就不过关的企业，社群化会带来非常可怕的后果，尤其是用户对产品的个体投诉很有可能会变成群体投诉，一不留神就会变成一次企业的公关危机。

在过去的商业形态当中，客户与客户之间是分离的，对于产品的投诉仅仅只是个人行为，然而用户社群化之后，用户与用户之间就可能因为产品的质量问题联合起来对企业"逼宫"。所以企业在进行社群化改造之前，需要做好两点准备：一是危机公关的处理能力；二是产品服务和质量的升级。

这个世界上没有绝对完美的产品，只有相对好的服务和质量，即便是口碑爆棚的苹果手机也有很多投诉。所以企业在社群化之前一定要在危机公关方面有心理准备，这样才不至于当危机来临时手忙脚乱。而要解决这个问题，最好的应对方法是主动升级自己的产品和服务。产品因品牌而聚合，人因连接而聚合，如何在品牌与人之间产生连接，这就需要每一个企业深度挖掘，在社群化改造之前需要对产品进行梳理优化。

总之，社群电商是社群经济线上的落地表现形式，而社群经济的核心是以信立商，企业在社群化之前一定要抛弃和整改过去的一些漏习，将诚信摆放到最关键的位置之上，而不是继续用"营销为王"的方式蒙混用户。

★品牌是社群电商的根基

电商所形成的社群不是单纯地卖情怀那么简单，而是注重打造其核心品牌。这是社群电商在社群经济中落地的根本所在。

品牌是社群电商的根基，因为品牌能够培养和强化消费者与各方面的关系，与产品的关系、与品牌的关系、与营销人员的关系以及公司的关系，这些关系的和谐与稳固对于增强其对品牌和产品的忠诚具有不可估量的作用。毋庸置疑，这是一个极具特色的品牌社群。

要想培育出一个品牌社群，就需要具备有吸引力的品牌，做好内部营销团队管理，逐渐提升消费者的融入程度。下面就对作为社群电商根基的品牌内容进行一些探讨，以便于大家更好地对自己的品牌社群进行培育。

塑造人格化的品牌故事。对于消费者而言，品牌不再是看不见、摸不着的，它是一个有形象、有个性的鲜活实体，消费者可以通过对它的消费来表达自己、展现自我，也可以通过对它的消费来获得归属感，获得精神上的满足。从这里我们可以看出，如果产品想吸引消费者，使他们积极地参与到品牌的各种活动之中，那么品牌就应该具有生动的故事，以使消费者可以识别并和自己联系起来。因为这种品牌故事不仅使品牌显得更加真实，而且可以使消费者通过对其消费来表达自己真实的情感。

培育一种独特的文化。建立品牌社群的一大好处是增进企业和消费者之间的互动，企业可以及时获得反馈。而且，品牌社群为企业与消费者共同创造的价值奠定了长期基础。因此，企业应当培养一种独特、开放的文化，使其能够和消费者的需要及价值观产生共鸣。这样在丰富消费者品牌体验的同时，也增强了消费者对品牌的忠诚。

提供可识别的品牌要素。任何品牌社群都要为其成员提供独特、可识别的品牌要素，如独特的交流语言或行为、仪式和象征性的表达方式等。这些品牌要素不仅使品牌可以和其他品牌相区别，更重要的是为社群成员提供了认同品牌及其他消费者的工具。同时，企业应当注意这些品牌要素风格的一致性，要与整体的品牌个性保持一致。

做好连接点管理。能够激发消费者或潜在消费者与品牌或企业建立情感关联的场景被称为接触点。在这一点上，消费者可以获得正面或负面的情感体验，这将影响或决定消费者将来对品牌的态度和行为。持续不断的正向情感体验将有助于消费者建立与品牌之间的情感关联，并对品牌产生依恋和忠诚；相反，如果连续出现几次不愉快的体验经历，也可能促使消费者就此断绝与企业或者品牌的关系，而选择其他品牌。

逐渐提升顾客融入程度。顾客融入是指消费者在情感和行为上对品牌、公司和其他同类消费者所表现出的理性关切和积极互动。它可以由消费者自发形成或由公司驱动，在现实场景和虚拟场景中均可呈现。在消费者与品牌的长期互动中，品牌情感关联将随着正面消费体验的丰富而强化。当消费者对品牌或公司正向的情感融入越多时，就越有可能发展成为品牌的真正忠诚者。

社群电商的价值体现及关键词解读

社群是沿着思想去的，沿着人与人纯粹的链接和信任关系的思想升级去的，沿着人格的升华去的，这是很不一样的地方，也是社群电商的价值所在。

★社群电商的价值体现

在社群组织里，没有利益推动，没有上级监管，没有纪律约束，没有文件指导，粉丝群体组织就这样完全自发地运转，还能对世界造成强大影响，以至于这个世界的权力机构也不得不重视他们的意见。比如，热播剧播出时总能造成万人空巷的局面，美剧《迷失》当然也拥有庞大的粉丝群，甚至当播出时间与奥巴马演说撞车时，总统都让路了。再如，在《时代》2010年公布的"全球最具影响力人物"候选人名单中，人气作家韩寒的名字赫然在列，虽然这个结果遭到了很多质疑，但是不可否认的是，韩寒的粉丝确实功不可没。这样的例子还有很多，都充分地展示了粉丝群体的影响力。

随着互联网的发展，人们越来越注重自我，越来越需要被尊重、认同，需要发言和掌控的权利，在这种背景下，传统的社会组织结构越来越乏力，人们对传统的社会关系越来越厌倦，而这种新兴的社群关系又是如此的生气勃勃。这些群体的核心只有一个，那就是共同的喜好。相比于传统社会秩序建立的组织关系，这种以个人情感为基础而结成的关系更加丰满，充满了人情味儿，在一定程度上也能体现众多粉丝的个人价值。

对于这样的关系，很多人嗤之以鼻，但是这个社会从来也不缺乏洞明先机的智者，商业圈很快就发现了这种关系背后隐藏的巨大机会。《迷失》热播期间，剧集中出现了一本名为"Bad Twin"的书，之后这本带着《迷失》光环的书很快就受到了热情粉丝的抢购，短短一个月内跻身最畅销的书籍榜单。这样明显的植入广告就是对这种新型关系的初级运用，尽管简单，却也收获了超出预期的效果。由此可见，引导品牌的未来，就要为品牌去创造这种关系，再由这种关系进而架构出粉丝群体。

共同的喜好，将不同背景的人们聚集到了一起，他们一起分享信息，讨论话题，发起活动。这样的组织关系突破了权利、利益、阶层、地域等社会元素，构成了感情饱满的社会群体。在这种群体中，人与人之间因为共同的爱好惺惺相惜，协同合作，为爱共存，通过鲜活生动的社区进行沟通与组织活动，形成强大的力量。

人际关系，兼容并蓄，自发形成并且拥有旺盛的生命，正如湿地系统的自发形成。人际关系，调整社会生态，一如湿地系统，为人类保存物种资源、涵养水源、降解污染、调节气候，为整个生态系统保驾护航。

随着社会的发展，商业模式更加成熟，这种组织规模也日益庞大，按照六度分割理论，最多通过六个人，一个人就能够认识任何一个陌生人，这样每个个体的社交圈都不断放大，最后成为一个大型网络。在这种思路下，以构建新型社会关系为基础的社交网站崛起，迅速成为炙手可热的平台，也为商业圈提供了与消费者互动的新渠道。

早在1964年，著名的原创媒介理论家马歇尔·麦克卢汉就在他的著作《理解媒介》中大胆预言，人类社会的发展经历了一个部落化—非部落化—重新部落化的过程，最终整个世界变成一个新的"地球村"。按照他的理论，交通工具的发达曾经使地球上的原有村落都市化，人与人的交往由直接的、口语化的交往变成了非直接的、文字化的交往，而电子媒介的发展又将都市重新村落化，使交往方式重新回到个人对个人的交往。而今，他所预言的地球村已经变成了现实。粉丝社群正是新产生的部落，而品牌将成为部落化过程的重要平台。未来，传统营销体系逐渐崩溃，新的社会关系群体随之建立，将品牌关联到部落中则成为企业的必然选择。

★社群电商关键词解读

作为一种社群经济的一个落地表现，社群电商有这样几个关键词：标签、产品、信任度、路径、商业密码、转化率、属性、连接。下面我们来看看这些关键词的含义。

标签：给出某种态度，这个态度便会形成一个标签，身上有这个标签或者希望为自己贴上这个标签的人就是它的用户基础。这个设定决定了用户基础的大小，也决定了未来发展的高度。

产品：不是任何产品都适合用社群电商来做。做得好可以呈几何级地传播自己的影响力，做得不好会加速自己的死亡。对于一些本身产品质量就不过关的企业，社群化只会加速产品死亡，因为由用户对产品的个体投诉转向成了群体投诉。

信任度：意见领袖＋产品专业度。比如《罗辑思维》的罗振宇，为什么只有卖书卖得最好，因为他的专长是知识传播，而知识传播的载体就是书。

路径：通过一些场景交互让用户与用户之间先建立起关系，之后依靠这种关系成为电商的交易目标群体，价值自然也就可以兑现。这样的流量和沉淀下来的用户关系便是社群电商的核心价值，也是区别于媒体属性的平台最大的区别所在。

商业密码：基于用户与用户之间的关系架构的社群电商，不仅具备传统电商和媒体属性平台，也具备传统电商和媒体属性平台所具备的流量和价格这个商业密码，还独具信用和经验这两个当下乃至未来会成为主导的商业密码。社群中的用户信任是不可复制的，用户的经验也是不可复制的。不可复制性直接就促成了其本身的稀缺性，天然具有价值的张力，而媒体的载体是资讯，资讯是最容易被复制的，容易被复制的东西也就不具备稀缺性，所以其价值也就大打折扣。单一内容为王的时代已经不再适合社群时代的商业基础。

转化率：社群电商是让用户与用户之间的消费行为的经验分享形成价值链，进而转化为交易入口。简单来说，就是让消费者或其他个体具有价值和消费指导作用的消费行为的经验分享发挥作用，成为其他用户的消费指南或消费引导的聚合。这种模式可以双向反射到用户本身，而且在这个过程中，用户的人脉关系不仅可以变现，还可以在价值变现中增进关系，从而人脉也可以增加更多的人脉和其对平台本身的黏性持续增进。

属性：社群电商的本质是个体孤独和自我实现的客观表现。就跟游戏级别一样，这是高级别，是上升到精神层面的需求，如果是你，你会把精神层面的东西放到一个陌生的充满铜臭味的场景中去吗？所以有用、有趣、有情、有利，这是一个社群电商的四大属性，排序有讲究的，利是放在后面的，当前面三个属性都满足的时候，利就不是任何问题。

连接：在传统中小型企业转型互联网模式的趋势下，社群电商可以为传统企业、微商和平台商铺提供有效的移动分销解决方案，特别是借助社群多样性和社交性两大主要特点，使之更容易发挥移动互联网连接人和商品的优势，社群电商超越了微商的层面，与社群相会合，这也将成为一股现象级的创业大趋势。

从这些关键词的含义中可以看出，社群电商是一种商业意识形态的觉醒，是社群经济在线上的表现形式，从某种意义上来说，社群电商是一套客户管理体系，通过客户的社群化充分激活企业的沉淀客户，它抛弃了传统的客户管理方式，将每一个单独的客户通过社交网络工具进行了社群化改造，利用社会化媒体工具充分调动社群成员的活跃度和传播力。可以肯定地说，社群电商模型不仅适用于传统电商，也适用于移动电商，甚至它也适用仅仅通过社交工具进行销售的微商。

社群商业"内容 + 社群 + 商业"的商业模式

在社群商业模式下，用户因为被好的内容吸引，聚集成社群，社群发展壮大，促进更多交易，完成商业变现，由此形成了"内容 + 社群 + 商业"的混合模式。其中，内容是媒体属性，用来做流量的入口；社群是关系属性，用来沉淀流量；商业是交易属性，用来变现流量价值。

★内容：一切产业皆媒体

在人人都是媒介的这种社会化关系网络中，内容即广告，优质的内容是非常容易产生传播效应的。在社交网络中不断发表和传播各种信息，所有的信息内容都可视为广告；尤其是优质的内容，很容易获得大层面的传播，产生传播效应。

一切内容皆是广告，同样的，不停产生广告的一切产业皆是媒体，"目光所及之处，金钱必然追随"。企业所有经营行为本身就是符号和媒介，从产品的研发、设计环节开始，到生产、包装、物流运输，再到渠道终端的陈列和销售环节，每一个环节都在跟消费者和潜在消费者进行接触并传播着品牌信息，包括产品本身，都是流量的入口，一切都是媒介。对小米来讲，小米的所有产品都是媒介；对可口可乐来讲，每一瓶的包装也是媒介。企业媒介化已经成为必然趋势，企业需要的是培养自己的媒介属性。

很多企业为此开始进驻各个碎片化社会化的媒介渠道，管理者也纷纷上阵经营起自媒体。这是好事，但很多人却认为把媒介作为简单的信息发布渠道，却未深思"媒体也要产品化"——冰冷的类广告灌输、自我夸夸其谈已不再有效。媒体即产品，将媒介传播本身视为一个需耐心打磨的产品，激发参与感，构建社群才是获得口碑引爆的关键。再简单点说，新媒体格局与传统媒体的根本不同在于认同。在新媒体格局下，唯有认同才能产生价值。没有认同，无论用何种方式，消费者都不会埋单。

★社群：一切关系皆渠道

互联网时代之前，受制于空间限制，商家拓展生意的主要渠道是门店拓展，通过在更多的地方开设更多的门店来接触更多的人群，从而达到更多的产品销售。这种方式不仅费时、费力，而且需要投入大量的资本，对中小企业来说十分困难。而互联网的出现，人们足不出户就可以完成消费行为，因而门店不再是拓展生意的唯一渠道，吸引用户的关注成为更有效的方法。随着用户向互联网络和社交网络的转移，商家也随之从线下实体门店转战线上社交网络，创建自己的粉丝社群，开展社群经济。这样的商业现象就意味着一种商业逻辑的更迭——由抢占空间资源转换为抢占时间资源。

时间资源即用户的关注度，当用户大规模向移动互联网、社交网络迁移的时候，品牌商和零售商也要逐渐转移自己的阵地。传统的实体渠道逐渐失效，取而代之的是线上的关系网络，这种关系网络更多地体现微博、微信、论坛这样的可以互相影响的社会化网络。运营粉丝经济的小米就非常理解社交网络的意义。通过发起话题讨论和各种线上线下活动，小米社区聚集了大量的铁杆米粉，这些米粉都是手机发烧友，他们懂手机也懂小米，为小米的产品研发提供了源源不断的建设性意见，同时为小米积累了良好的口碑。这就是小米粉丝社群的力量。

《罗辑思维》也是一个鲜活的社群样本。《罗辑思维》之所以能够讲一个远远超越自媒体的大故事，是因为它产生的连接价值更大。互联网对人的价值，是自由人和自由人的连接。作为连接的枢纽，接口的可能性越多，越有价值。《罗辑思维》每期视频（媒体）的点击量超过 100 万，微信粉丝达到了 108 万。这 100 多万微信活跃分子，经过去掉重复好友后保守估算，按每个人通讯录有 100 个好友，《罗辑思维》能覆盖 1 亿人，而且大部分是微信上非常活跃的铁杆粉丝。如果能够真正从自媒体切入，然后发展为拥有上百万会员的超级社群，以 C2B 方式反攻电商，这里面蕴藏着巨大的商业价值，未来不可限量。

★商业：一切环节皆体验

社群的背后不单是粉丝和兴趣，还承载了非常复杂的商业生态。究其根本原因，就是人的社会化的必然性。一群拥有某种相同喜好的用户，因为共同的兴趣在一起，就形成了社群，它可以迅速地制造和传播品牌口碑，因而成为社群经济的实体。商业社群生态的根本价值，是实现社群中不同层次消费者的价值满足。

举一个比较容易懂得例子，我们以前居住只要有个房子就行了，但是市场竞争让开发商想了一个妙招，卖房子之外还送你小学学位，小区附近还有各类的商铺，有各种休闲娱乐设施，通过这些住房的附加值来吸引消费者购房。慢慢地形成了一种生态系统，形成了一个生活和商业业态的闭环。

内容是社群商业的基础，由它来吸引用户，社群的形成和后续的运营才有了可能，但是单纯的内容无法留住用户，必须通过社群才能完成有效的用户沉淀，而商业则将社群模式的价值展现出来。内容、社群和商业三位一体共同实现了社群商业。

以人为本、用户主导的社群商业，现在才刚刚开始，未来的发展更是潜力无限。

社群商业变现模式

目前，很多人会把社群当作纯粹的营销渠道，这在社群的商业模式上也会有所体现。因此，在常见的社群商业模式中，或多或少都与传统营销思维有千丝万缕的联系。社群商业变现模式虽说简单粗暴，却也直接有效。下面给大家介绍几种社群商业变现模式。

★目前最常见的社群商业变现模式

目前最常见的社群商业变现模式包括三种形式：社群广告变现、社群电商变现和收会员费变现。

一是社群广告变现。这种社群商业模式的本质是通过广告变现，把社群当作广告投放渠道。通过广告变现，本质上是把社群当作广告投放渠道。社群是一种媒体，有媒体就可以有广告，这自然是天经地义的事情。不过，任何广告都应与媒体形式相匹配，否则就是无效的。

社群作为一种新兴媒体形式，把其当作广告投放渠道，肯定不能采取传统的方式，只投放广告不进行用户维护注定行不通，你的广告很容易被群成员看作是垃圾信息而被过滤掉。社群本来就是重运营、重互动的，群成员（用户）又是相对精准的，因此，广告只有建立在良好的社群运营和精准的群成员匹配上才会有效果。有时候甚至需要将广告当作社群内容、活动的本身，就像很多自媒体网红，广告与内容深度吻合，让用户傻傻分不清，粉丝甚至戏称自己每天就是特意来看广告的。

不过，社群不似网红，能有规模庞大的粉丝基数。社群经过高精准化的成员筛选，人数必然不多，所以广告的覆盖率不会大，这自然会掣肘社群变现。因此，社群广告是难以作为一种持续大规模的变现方式的。

二是社群电商变现。这种模式实质上就是通过社群渠道卖产品。社群应当营销，这是逻辑思维提出的主张。如今，电商已成了很多人做社群的动力和目标，社群只是他们的工具，比如母婴社群、美妆社群等。反过来，很多本来尚未变现却又运作得不错的社群，也期盼能够通过电商而实现变现。

社群电商跟社群广告类似，优势在于群成员的高精准和高互动。这便要求社群主在进行商品挑选和售卖时要做到与群成员精准对接、有的放矢，如此，群成员才有可能买账。而这种商业模式的前提是对社群有过深度运营，如果纯粹地把社群当作产品售卖渠道，缺乏前期的深耕，这肯定也是行不通的，如今早已不是被动接收信息的时代。除此之外，社群电商同样会受群成员人数不多的限制。所以，想要通过电商变现，必须要有大量的粉丝基础，比如罗振宇和张大奕，他们做电商是很容易成功的。在这方面，网红模式似乎更好，网红作为自媒体做电商，实质上是把传统媒体的流量优势搬到互联网上来了，所以容易变现。

三是收会员费变现。这种可以说是社群商业模式最为简单直接的变现方式了。所谓的收会费，即群成员在加入社群之时必须向社群支付一定的费用，才能加入社群、参与社群活动、享受社群服务等。

收会员费变现很容易理解，如果社群或者社群主相对于群成员来说，本来就存在着势能优势，那收取一定的会员费自然是天经地义的。这就是我们经常所说的"付费型社群"的做法。不过，收费只是单纯的入群门槛，而不是社群变现的主要手段。社群不同于粉丝群，它是有着共同目标和价值观的人群聚合，因此群成员是必须经过筛选的，收会员费就是一个很好的手段。如果你愿意为入群付出金钱代价，那基本可以认为你对社群是高度认同的。

总的来说，收会员费不足于支撑一个社群的商业变现，毕竟群成员数量有限。会员费收高了会影响群成员规模的扩张，因此，想要吸引更多的群成员就不能收很高的会员费。而且一旦双方建立了收费关系，则可能破坏群成员间的平等和互动关系。群成员在心理上会认为自己进社群是花钱买了产品或服务的，社群必须对我负责到底，这将给社群的运营带来巨大压力，得不偿失。如果一开始就只把收费当作筛选手段，则不会有这些后续麻烦。

社群不同于粉丝群，它是有着共同目标和价值观的人群聚合，因此群成员是必须经过筛选的，收费就是一个很好的手段。如果你愿意为入群付出金钱代价，那基本可以认为你对社群是高度认同的。

★特定社群的商业变现模式

以上介绍了三种目前最常见的社群商业变现模式，大部分社群都可以尝试。但必须知道的是，社群是率先在某些领域觉醒的，因此很容易出现一些行业类社群，在商业模式上也会有原有领域的烙印，比如，培训型社群、产品型社群、公司型社群。下面我们将针对这些特定社群的商业模式加以介绍。

一是培训型社群。这种模式在变现上具有天然的优势，似乎只需把技能培训和知识分享模式搬到社群中来，就能通过收取一定的费用直接变现。

培训收费本质上是把群主或专家已有的势能进行变现，要么是群主不断产生优质的内容等进行输出，要么是定期邀请嘉宾进行分享，群成员为学习知识或培训技能而付费。这种类型的社群在变现上比较直接有效，其商业模式在社群兴起前就早已存在，大部分知识培训类社群都走的这种商业模式。但是培训型社群对于"师资"和持续优质内容的输出要求比较高。

培训型社群主要赚取的是群主和群成员间的势能落差，因此这种社群比较适合知识高度专业化的领域，如法律、医疗等。在互联网产品、技术等的培训领域也能有效，因为如今互联网行业的从业人员收入相对较高，而且也渐渐建立起了为知识付费的观念，对知识能给自己带来增值的观点也比较认同。整体上看，这种商业模式是成立的，而且是可复制的。不过，培训型社群对"师资"和持续优质内容的输出会是巨大的考验。由于其变现严重依赖新成员的加入，必须不断地吸收新成员，这就要求社群必须持续地输出优质内容。而对于老成员来说，社群也必须对其不断地输出新内容，这便在"师资"上提出了要求。能不能做好这两方面工作，直接关系到变现的持续性。

二是产品型社群。商业模式与社群属性结合最为紧密的非产品型社群莫属。这里的产品型社群，指的是社群在运营发展的过程中，结合自身的属性气质，由群成员共同创造产品和服务，进而在社群内或社群外进行变现。比如，一个母婴社群平时经常探讨市面上纸尿布的优缺点，吐槽没有一款好用的纸尿布，那么社群就可以收集这种需求，生产一款全新的纸尿布品牌，并且让群成员参与产品设计，甚至向群成员众筹资金生产这款纸尿布。我们经常提及的小米社群，就是一个典型的产品型社群。

在创造产品或服务的过程中，群成员既可作为用户提出需求，又可作为生产者参与产品生产。产品型社群通过创造产品进行变现，产品的涌现是社群发展自然而然的结果。我们可以把这个过程看作是社群的企业化。因此，产品型社群的商业模式与社群电商是完全不同的。社群电商是把社群当渠道，即先有货然后向社群成员售卖，这是从 B 端到 C 端的信息流转。产品型社群是先有需求，然后群成员共同创造出产品再售卖，这是从 C 端到 B 端的信息流转。所以，这种 C2B 的模式，决定了产品型社群推出的产品或服务一定是扎根于群成员的新产品、新品牌，而不是从别处拿现有产品向社群售卖。

正是这种从 C 端到 B 端的模式，决定了产品型社群的核心是倾听，即通过互联网社群的手段获取群成员需求，并让群成员的声音起作用，而不是将自己的产品或想法强制传播给群成员（我们前面讲的对 F 端和 B 端、C 端这三方整合，其原理就是将 F 端和 B 端、C 端达成链条，终极目的就是要消除信息壁垒，实现真正意义上的分享）。这就要求想通过这种方式变现的社群要切切实实地转变观念，但这将会有一定的难度（这也正是 F 端和 B 端、C 端三方整合所要突破的方向）。

三是公司型社群。如果把产品型社群看作是社群的企业化，那么公司型社群则反过来了，是企业的社群化。什么意思呢？其实就是企业通过社群的手段组织客户，提高互动反馈。

以往除了一些市场调研活动外，企业和客户之间几乎处于无交流的状态。随着社群的兴起，越来越多的企业认识到社群这种形式在组织客户、需求调研、产品改良上的重要性，于是便以公司为中心，把客户组织起来进行社群化运营。比如，现在很多的公司都有用户群，一些运作成熟的用户社群，公司与用户能形成良好互动，甚至形成了以公司产品为核心的文化，这对提高品牌的忠诚度、改进产品生产、促进品牌传播等具有很大价值，无疑也是社群的一种商业方向。不过，公司型社群从组建之初便是一种不对等关系，即企业和用户的对立。因此，在群成员的互动活跃上有一定的难度，这将使得其商业价值大打折扣。

这种基于利益的社群连接，关键点是要形成社群文化和社群价值观，这样才能吸引新成员、提高活跃度，实现自我发展。

以上介绍的几种社群商业变现模式，其实都已或多或少地被验证过，能够取得一定的效果。不过，这些做法还远未挖掘社群的真正价值。既然社群和社群经济是大风口，那么我们就不能过于短视，只看到眼前利益，透支式地通过社群进行短期变现，这对宏观的社群发展环境来说是非常不利的。

社群作为人类未来的一种组织方式和经济形式，必然要有新的商业模式作为支撑。上述变现方式有一个很明显的倾向，那就是基本上都是把群成员当作被攫取的对象，把他们当成变现的主要来源。这与社群独立平等、互相协作的本质是相矛盾的。所以，我们应当转变视角，社群既然是有着共同的目的和价值观的人的聚合，那么群成员与社群主就不应该是对立的。也就是说，我们应当把群成员当作团队或组织的一分子，由此将会打造出更具价值的社群商业模式。

社群电商的未来发展趋势

社群营销有六个商业趋势，分别是基于粉丝的社群经营、用户"智造"

产品的时代、人人可参与的众筹商业、触动用户的情景营销、实时响应的客户服务和打破边界的用户协同。

★趋势一：基于粉丝的社群经营

社群经营的基础是粉丝，粉丝是对品牌充满感情的铁杆用户，粉丝的消费行为也是基于对品牌的感情基础。

苹果的商业模式就是在"果粉"基础上经营的粉丝经济，传奇的小米科技也是基于"米粉"对品牌的情感认同而建立的品牌，罗永浩的锤子手机，其目标用户是罗永浩的粉丝群体。对罗永浩来说，粉丝认同他这个人，就会同样认可他的产品。社群经济就是这样的模式，先通过社群定位好目标用户，再通过对用户需求的研究生产相应的产品，最大限度地保证产品属性与用户需求相统一，而不是按照产品去定义用户。

★趋势二：用户"智造"产品的时代

从前，制造行业强调的是制造，整个过程完全由企业掌控。现在，有的消费者希望企业从产品研发就按照自己的需求来做，从创造过程开始参与。很多企业已经开始这样做了，让用户参与产品制造全程。在研发过程中加入用户的创意，利用用户的吐槽改善产品的结构，邀请用户参与提供需求，解决消费需求。

2011年5月，大众汽车推出了"大众自造"网络互动平台。该平台以"汽车及设计"为主题，为公众提供汽车设计、虚拟造车、互动交流等多种沟通渠道。到2013年5月，已经吸引了1400万用户的访问，25万个造车创意。通过这个平台，大众汽车得到了很多用户关于车的需求。

★趋势三：人人可参与的众筹商业

众筹模式是通过互联网众筹平台，将创业者和投资人直接联系在一起的商业模式。创业者将自己的创业项目在众筹平台上详细展示出来，分散的潜在投资人可以在这个平台上浏览各个创业项目，发现感兴趣的就可以投资，而且由于对投资团队的规模没有要求，因而投资者门槛很低。这种模式中间环节少，双方可选择范围大而且操作简单，因而成功率和效率都比传统模式高得多。

2014年3月，阿里巴巴推出增值服务平台"娱乐宝"，网民出资100元即可投资热门影视剧作品，并有机会享受剧组探班、明星见面会等娱乐权益。娱乐宝所融资金最终投向阿里旗下的文化产业。这是一个众筹模式的基金产品，人人可参与成为创新文化产品的投资者。

★趋势四：触动用户的情景营销

营销要刺激消费者产生购买欲望，通常需要匹配相应的情景，否则消费者不能触景生情，那么这种营销行为就是失败的，变成粗暴的广告推送，跟电线杆上的小广告一个效果。由于技术所限，从前的营销只能通过电视广告、终端活动来进行，近年来随着互联网技术的发展和移动终端的普及，移动互联网可以和任意的广告屏幕及终端相链接，使消费者可以随时随地捕获营销情景。

生活中，我们可以在手机端应用快速获得周围店铺的促销信息或者优惠券，而且随处可见的广告通常附带二维码，我们只要用手机扫一下就能立刻链接到消费平台。比如，在手机上看到周边商场打折，我们利用午休时间可以去进行一次短暂的购物，或者在商场手机端直接购买，然后坐在家里等待快递上门。每次营销场景的制造，都能带来新的品牌传播机会。

★趋势五：实时响应的客户服务

在以人为本的互联网商业时代，企业对于用户的回应效率也会深刻影响用户体验，而用户体验不好将会给企业造成致命的打击。因此，随着移动互联网的发展使消费者的需求实现爆发，企业的服务形态也随之进化。

2013年3月，招商银行在微信推出客户服务，用户只要在客户端完成信用卡绑定，就可以通过微信查询额度、查询账单、还款等业务。4个月后，微信服务平台升级为微信银行，服务范围进一步拓展，成为集借记卡、信用卡业务为一体的综合客户服务平台，给用户带来全新的体验。在这个平台上，用户的需求随时都可以得到满足。

★趋势六：打破边界的用户协同

现如今，几乎所有的企业都拥有自己的大数据体系，然而，不同平台、不同层面之间的数据各自独立，对大数据的应用造成了很大的障碍，数据之间的协调问题已横亘在各企业面前。用户数据与后台数据，线上数据与线下数据，社交媒体数据与线下零售数据，会员卡数据与微信粉丝数据，等等，它们之间都需要全面协同，才能真正地体现出大数据应有的价值。

打破各组织和机构之间壁垒鲜明的边界，才能带来全面的用户协同，然而，对于很多企业来说，此举却是对企业文化造成了极大的挑战。如何进行这一步，只能看企业各自的表现。目前，大力推行社群电商的有电商创始人老A（吴元轼）、大千社创始人千鹤以及罗振宇、陈欧、王俊、管鹏等，诸多行业前列的电商平台，如唯品会、聚美优品也逐渐向社群电商靠拢。

第八章　大数据时代商业变现的九种模式

　　数据的变现，就是把不同属性的数据应用到各个场景体现新价值的过程。变现，既是一种能力，也是提升数据价值的基础。那么，要想实现大数据变现都有哪些商业模式呢？本章介绍了大数据下商业变现的九种模式：B2B大数据交易所；咨询研究报告；数据挖掘云计算软件；大数据咨询分析服务；政府决策咨询智库；自有平台大数据分析；大数据投资工具；定向采购线上交易平台；数据征信评价机构。

B2B 大数据交易所

　　国内外均有企业在推动大数据交易。目前，我国正在探索 B2B 大数据交易所模式。2014 年 2 月 20 日，国内首个面向数据交易的产业组织——中关村大数据交易产业联盟成立，同日，中关村数海大数据交易平台启动，定位大数据的交易服务平台。2015 年 4 月 15 日，贵阳大数据交易所正式挂牌运营并完成首批大数据交易。贵阳大数据交易所完成的首批数据交易的卖方为深圳市腾讯计算机系统有限公司、广东省数字广东研究院，买方为京东云平台、中金数据系统有限公司。2015 年 5 月 26 日，在 2015 年贵阳国际大数据产业博览会暨全球大数据时代峰会上，贵阳大数据交易所推出《2015 年中国大数据交易白皮书》和《贵阳大数据交易所 702 公约》，为大数据交易所的性质、目的、交易标的、信息隐私保护等指明了方向，奠定了大数据交易的产业基础。

★大数据交易所的重大作用

大数据交易所的重大作用主要体现在以下八个方面：

　　第一，大数据交易所可以深化国家有关法律对大数据商品的规范，特别是确保大数据交易的买卖双方遵守国家有关隐私、国家安全、商业机密等方面的法律，保护消费者的信息安全和其他权益。

　　第二，大数据交易所可以引导对大数据商品的规范，对大数据的定量、定价方面进行引导。

第三，大数据交易所应该建立认证系统，确保大数据商品的真实性和价值。

第四，大数据交易所应该为市场参与者提供技术上的帮助，帮助市场参与者寻找适合自己的交易方。

第五，大数据交易所应该且可以对大数据的转移和使用提供法律上的保障。

第六，大数据交易所应该且可以对大数据的转移和使用提供数据安全上的技术保障。

第七，大数据交易所，应该确保资金的转移和安全。

第八，大数据交易所，还可以开放大数据期货，即对未来某时间段将要产生的大数据进行交易。

由于市场参与者大都为商业公司，大数据的交易更像是实体商品交易而不同于股票交易。随着交易的进行和市场参与者的增多，大数据商品的种类会逐渐丰富，从而吸引更多的市场参与者。

★拥有大数据的公司和机构

目前下列公司和机构通常拥有大数据：

第一，大型实体商业公司或电子商务公司，如大型连锁商店沃尔玛等，或亚马逊、阿里巴巴等。这类公司大多拥有大量的客户数量、长期的客户购买记录、客户的支付历史等。这类公司最感兴趣的是客户购物的消费偏好和消费习惯。目前，这类公司的大数据应用包括推荐关联产品和推出其他新的产品、新的服务上。

第二，大型服务公司，如银行、电信服务等公司。这类公司也拥有客户的某个方面的历史消费记录，比如，银行可能拥有客户的金融账户收入支出信息，电信公司拥有客户的电话或网络使用历史。这类公司通常对本行业内推出新的产品和服务，以及寻找潜在客户，降低业务风险较感兴趣，比如热门的推荐系统等。

第三，大型制造企业，如福特汽车公司等。这类公司因为其大量的客户基础，往往可以在推出新产品服务上使用大数据技术和应用。

第四，大型网络服务公司，如谷歌、百度、雅虎等。这类公司由于在服务行业的垄断性，积累了海量的用户在网络虚拟世界的行为信息。这类公司通过归纳和机器学习等，可以挖掘出非常多有价值的应用产品和服务。目前，使用大数据最好的公司是谷歌。谷歌广告系统 AdSense 就是利用大数据技术来实现的。另外，谷歌还可以利用大数据做出一些预测，如流感的爆发、政治性事件的预测等。谷歌还进一步推出如自动驾驶等大数据应用，及 Google 眼镜等结合大数据收集与应用于一身的产品应用。

第五，大型社交网站，如 Facebook、Twitter 及其他社交网站如 LinkedIn 和其他活跃论坛等。全世界用户每天都在社交网站上产生大量的内容。仅 Facebook 每天需要处理的社交信息就达到了 500 TB。目前，这些数据正在被大量的个人开发者和技术公司使用，用来做各种商业服务推荐或新的产品。

第六，政府部门和科研机构的公开数据，如有关天气、交通状态、道路、地质、环境以及科学研究的进展等部分。美国联邦政府特别提出，将联邦政府各部门的数据开放给公众，这些数据的应用包括自动驾驶、智能交通监测系统等。

除上述商业机构的大数据之外，国家机构还拥有大量有关国家安全的敏感信息。本书只讨论商业应用，故不讨论这部分大数据的应用和交互。

★ 大数据应用的例子

目前，一些商业机构对大数据的应用，不只局限于对自身拥有的大数据进行分析，还需要用到其他方面的大数据。比如下面这些例子：

某些金融企业如银行希望获得和利用其用户的社交信息，以便和该金融企业拥有的客户信息整合起来，推出更多的新产品和更好的客户体验。

一位医疗保险公司的客户要去国外某城市旅行，在微博上发表了这一信息，医疗保险公司因为事先得到客户的许可，可以从社交媒体（微博）上获得这一信息，根据这位客户的个人特殊身体情况，医疗保险公司马上给该客户发去在当地旅游注意事项的短信。

一家经营连锁旅馆的企业，除了自己网站、各地客房入住等情况外，希望能够获得其他旅游方面的大数据，如景区旅游人数、租车公司的客户数量、租赁汽车的档次等变化等，这些对旅馆的房型定价、经营预期等有着很强的辅助作用。

一家初创公司，利用城市交通情况的公开信息（政府信息），结合其在用户群上传的城市交通即时状况（互联终端产生的用户自创信息或社交信息），对交通路线、预测到达时间等进行预测，从而为城市里的驾车人群进行更好的车流信息服务。

商业公司对外部大数据的整合和交互是未来的大趋势，国外有很多公司已经开始着手这方面的技术和服务，如 Alteryx、QlikView、Tableau、Factual 等。据 Gartner 此前的预测，2017 年，约 2/3 的大数据整合项目，将是企业防火墙之外（外部数据）的整合。

★大数据的商业交互方式

商业公司之间的大数据交互至少有下列几种：

第一，两家或两家以上的商业公司，他们从事的服务行业不同，拥有客户的不同方面的信息，他们的服务行业具有较强的相关性，整合、交互信息对其中一方或参与各方都能增加新的价值。

第二，商业公司对社交网站的客户个人信息数据整合，期望带来新的业务增长点或实行更好的客户服务。

第三，商业公司对政府部门的公开信息，进行大数据级别的整合和交互，产生新的商业模式、新业务或改进客户服务。

第四，未来还会有新的外部大数据的整合方式产生价值，比如，某商业公司进行大量的对外部弱相关的数据整合，当总量达到一定规模之后，仍然会产生对商业公司自身业务具有巨大价值的信息。

★大数据交易需要解决的一系列问题

商业公司间的大数据种类众多，在大多数情况下，两个公司之间数据的整合只对其中一方的业务有帮助，或者对双方的业务帮助价值不对等，如社交媒体的信息对于大众商品销售公司等。因此，购买大数据的可能性远大于简单数据交换或数据互通。如何引导、规范大数据的交易，以及提供交易方式、工具等，成为有关部门和大数据技术公司研究的重要课题。因此，要开展大数据的交易，需要解决以下问题：

第一，引导更多企业开放大数据。大数据的应用需要更多的企业开发各自行业、领域的数据，市场的参与者越多，市场的交易选择和能找到的价值就越大。我国政府应该鼓励更多企业开放他们的大数据。企业间的大数据通过更多的交互和交易，才能实现最大的价值。

第二，保护大数据的所有权和隐私权。大数据往往是个人信息的集成，我国对于个人信息隐私的保护有明确法规，大型企业都特别注意对用户的隐私保护。企业间用来交易的大数据，必须遵守国家有关法律，保护个人隐私和重要信息。因此，市场能提供的大数据应该更多是经过处理的，隐去个人敏感信息，或者直接就是按照区域、人口年龄、收入情况等进行分类集成后的信息。相关部门可以制定关于大数据交易的法规，引导市场参与者在提供大数据的同时，对于国家安全信息、个人隐私、商业机密等方面进行特别保护和处理。

第三，更好地开放政府部门信息。各国政府都在开放更多的公开信息，建立公开的大数据平台，更好地利用大数据为社会服务。

第四，寻找有价值的外部数据。商业公司只对自身业务有关的外部数据感兴趣，如何找到强相关或弱相关的外部数据，成为重要的课题。大数据创业公司可以在提供工具、建立开放的 API 等方向有所作为。各类云计算平台也可以提供大数据的 API。我们认为，政府或大数据技术公司等应该创造一些基本的数据处理、归类、分析工具，为商业公司寻找外部大数据的整合和应用，提供服务和方便。

第五，衡量大数据的数量和质量。一般来说，一个大数据包，如果包含某一方面的大数据年限越久，覆盖人群或服务方向越多，其价值就越高。但是同样的大数据，对于不同的潜在买家，可能具有的价值不同。例如，某电子商务网站的客户消费记录，对于一个大型综合类销售公司，和对某一小型单一产品销售公司的价值，差别巨大。如何对大数据产品的数量和质量进行价值上的分类，是进行大数据交易必须解决的问题。

第六，如何规范大数据商品的可重复使用性？一个大数据包，可能会对不同的外部企业都具有价值，而且没有利益冲突。理论上一个大数据商品，可能进行多次交易。对大数据交易，是否产生使用权、属有权的改变，是否能够再次出售，能否转卖，能否卖给某位买家的竞争对手等问题，都应该进行明确规定。

第七，建立大数据商品交互技术平台、开放 API、统一 API。由于大数据体量大、规格众多等特性，大部分时候，大数据的直接转移非常困难或不现实，买家往往需要通过 API 来使用大数据商品，如何建立统一的 API，建立大数据交互的技术平台，也是一个巨大的挑战。

★大数据商品交易过程

大数据商品，更接近于原始的商品，市场参与者带上各自的货物，到一个市场进行交易。由于大数据商品的这些特性，更加需要建立规范的、方便的交易场所。大数据商品的交易可能会包含下列过程：

第一步：卖家对自己的大数据进行预处理，保证用于交易的大数据商品遵守国家相关的法律和规定。

第二步：卖家描述自己的大数据包，并描述以往的交易历史，包括买家的行业描述等。

第三步：买家在大数据交易平台上寻找对自己业务有帮助的大数据商品。

第四步：买卖双方就数据的使用权，数据的转移，数据是否可以再次出售（时间上，竞争对手限制等），是否委托第三方技术公司进行数据分析等达成协议。

第五步：买方支付交易金额，同时大数据商品转移到买方。

第六步：买方将对大数据商品进行分析或应用，实现大数据商品的价值。

★ 大数据交易的参与者

由于大数据商品的特殊性，建立大数据交易所，可以对大数据的交易做出权威性的规范，保证交易安全，同时为市场参与者提供工具和帮助。大数据交易的参与者至少包含下列几类：

第一，初端卖家。即提供某方面信息的大数据商品卖家。该类用户可能通过从事的行业服务，积累某方面的数据。

第二，终端买家。对相关行业服务信息有需求的商业服务公司，购买大数据提升自己的服务或产品。

第三，大数据投资者。这类参与者发现或认可某大数据商品的价值，可以先买入，再卖给有需求的大数据终端买家。

第四，加工商。由于大数据商品的高技术含量，大数据技术公司可以先买入原始数据，经过处理，集成后，再卖给终端买家。

市场参与者可能具有多重交易身份，既是大数据的提供者，也是大数据的消费者。各类市场参与者的交易，能使大数据交易市场更加活跃，增加市场的流动性，引来更多的大数据商品的加入和交易。

综上所述，建立大数据交易所，虽然在技术上、法律上、流程上尚有一系列需要解决的问题，但我们认为，这是一个可以逐步进行、逐步解决的过程。建立大数据交易所有非常大的必要性和可行性，建立大数据交易所是势在必行的市场需求。

咨询研究报告

国内咨询报告的数据大多来源于国家统计局等各部委的统计数据，由专业的研究员对数据加以分析、挖掘，找出各行业的定量特点进而得出定性结论，常见的有"市场调研分析及发展咨询报告"。各行各业的分析报告为行业内的大量企业提供了智力成果、企业运营和市场营销的数据参考，有利于市场优化供应链，避免产能过剩，维持市场稳定。这些都是以统计部门的结构化数据和非结构化数据为基础的专业研究，这就是传统的一对多的行业大数据商业变现模式。该模式是指公司（如咨询公司）通过自有数据、公开数据或第三方数据进行分析，得出行业报告或者某些特定方向的报告，并将报告进行售卖的模式。

★行业分析报告的用途

行业分析报告是项目实施主体为了实施某项经济活动需要委托专业研究机构编撰的重要文件，其主要体现在如下几个方面：

第一，用于向投资主管部门备案、行政审批的可行性研究报告。根据《国务院关于投资体制改革的决定》（国发〔2004〕20 号）的规定，我国对不使用政府投资的项目实行核准和备案两种批复方式，其中核准项目向政府部门提交项目申请报告，备案项目一般提交项目可行性研究报告。同时，根据《国务院对确需保留的行政审批项目设定行政许可的决定》，对某些项目仍旧保留行政审批权，投资主体仍需向审批部门提交项目可行性研究报告。

第二，用于向金融机构贷款的可行性研究报告。我国的商业银行、国家开发银行和进出口银行等以及其他境内外的各类金融机构在接受项目建设贷款时，会对贷款项目进行全面、细致的分析评估。项目投资方需要出具详细的可行性研究报告，银行等金融机构只有在确认项目具有偿还贷款能力、不承担过大的风险情况下，才会同意贷款。

第三，用于企业融资、对外招商合作的可行性研究报告。此类研究报告通常要求市场分析准确、投资方案合理，并提供竞争分析、营销计划、管理方案、技术研发等实际运作方案。

第四，用于申请进口设备免税的可行性研究报告。对于申请办理中外合资企业、内资企业项目确认书的项目需要提供项目可行性研究报告。

第五，用于境外投资项目核准的可行性研究报告。企业在实施"走出去"战略，对国外矿产资源和其他产业投资时，需要编写可行性研究报告报给国家相关管理部门，需要申请中国进出口银行境外投资重点项目信贷支持时，也需要可行性研究报告。

第六，用于环境评价、审批工业用地的可行性研究报告。我国当前对项目的节能和环保要求逐渐提高，项目实施需要进行环境评价，项目可行性研究报告可以作为环保部门审查项目对环境影响的依据，同时，项目可行性研究报告也作为向项目建设所在地政府和规划部门申请工业用地、施工许可证的依据。

★咨询机构对企业的作用

咨询是智力服务、是知识转让，是有针对性地向社会提供最优决策，可供选择的方案、计划，或有参考价值的数据、预测、调查结果，是服务于决策者需要的，对促进社会经济发展、技术进步起着不可忽视的作用。总体而言，咨询对企业的作用主要有以下几个方面：

第一，咨询机构是政府和企业的"智囊团"，其主要任务就是为政府和企业的决策科学化服务。咨询不是决策，但它可以弥补决策者职责与能力之间的差距，根据决策者的委托，利用自己的知识、经验和已掌握的调查材料，为政府出谋划策，对企业的生产经营状况进行诊断，为决策者提供科学合理的可供选择的建议或方案，从而减少决策失误，把决策纳入科学轨道。

第二，咨询机构往往集中了一定量的各方面专家和学者，拥有大量的信息、经验、知识和先进技术，可以随时提供给用户，促进科学技术以及情报信息的横向交流和转移。通过咨询的桥梁作用，可以把科技研究的新成果，不断地转移到生产实践中去。弥补用户在科技、信息上的不足，有利于扩大用户的信息容量，促进各行各业的知识更新。对于一般企业难以胜任的复杂课题和科研项目，咨询机构可以迅速集结大批科技人员和有关方面的专家，提供比较完备的研究手段，促成新的科研成果的产生或新的突破，这对中小企业尤其有利。

第三，通过国际咨询服务，扩大了国际技术经济合作的内容，也有助于国际贸易的发展。"二战"以后，特别是 20 世纪 60 年代以来，由于科技革命的影响，国际分工和世界经济一体化日益深化，国际间的经济合作方式，除商品交易外，出现了国际投资、承包工程、劳务输出、技术贸易和咨询服务等属于服务贸易范围的多种交流形式。尤其是一些发达国家，近年来更是积极开展技术贸易和涉外咨询。随着国际咨询业务的发展，尤其是工程技术咨询，许多西方国家在为国外客户委托的项目进行咨询服务时，在它的工程技术设计中，往往采用本国的设备、产品和材料，这样就带动了出口贸易，拓展了国际市场，不仅增加了国家的外汇收入，也有利于本国经济的发展。

中国企业之所以运行不理想，重要的原因之一就是缺乏必要的理论和方法作为支撑。而西方发达国家的管理理论和管理咨询几乎是同时产生、同步发展的。世界500强的企业中有50%左右的公司拥有自己长期合作的国际著名管理咨询公司，100%的公司接受过多次管理咨询服务。可以这样说，管理咨询业是现代市场经济中不可或缺的一个重要行业，即没有管理咨询公司的介入，就没有市场快速发展的繁荣。世界上通过管理咨询挽救企业，或协助企业持续发展再创佳绩的案例已屡见不鲜，管理咨询为企业带来生机已成为现代企业界的共识。

★中国咨询研究行业的发展机遇

我国咨询研究业面临着经济社会转型升级带来的发展机遇，部分有潜力的咨询公司会脱颖而出，成为行业的先行者和领导者。

第一，市场需求旺盛刺激行业发展。咨询研究是以知识为基础的专业化服务行业，在促进经济增长转型和企业的健康发展方面发挥着越来越重要的作用。目前，全世界咨询与信息服务业年营业额已达数千亿美元，咨询服务业的年增长率超过20%，成为发展最快的产业之一。随着中国经济的不断发展和市场竞争的日益激烈，国内企业对咨询研究的需求将快速增长，未来国内咨询研究业的发展空间十分广阔。

第二，国家政策推动行业发展。咨询研究行业是适应产业发展的必然选择。咨询研究不但为其他企事业单位提供有力的支撑和保障，其本身也是一个人才知识密集型产业，是第三产业的重要组成部分，是世界各国争相发展的重要产业，已经成为衡量一个国家经济发达程度和经济实力的重要标准。咨询研究业作为一个能大量吸纳高学历、高素质人才的知识密集型行业，从事的是一项智力活动，无须投入很多物质资源，不产生污染，属于高端生产性服务业和环境友好型产业，符合当前国家转变经济增长方式，提高经济增长质量的发展要求。国务院办公厅颁布《国务院关于进一步促进中小企业发展的若干意见》，特别提到要提高中小企业经营管理水平，引导和支持中小企业加强管理，支持培育中小企业咨询研究机构，开展咨询研究活动。科技部发布的《现代服务业科技发展"十二五"专项规划》，就已经明确提出要鼓励咨询机构依据区域空间特性、产业基础、资源禀赋等因素，为区域经济全面协调发展提供产业咨询服务。未来要全面推进企业管理和战略咨询服务，推动本土咨询研究服务企业的品牌化发展，拓展全球化发展的眼光与视野。这些产业政策对促进我国咨询研究业的健康发展带来了政策福音，一些咨询业务水平卓越的公司将抓住机遇，脱颖而出。

第三，细分市场引领新的发展机遇。咨询研究范围广泛，包括人力资源咨询研究、战略咨询、生产咨询等。人力资源咨询研究主要是对于企业中人力资源的开发与管理进行分析，帮助企业找出人力资源管理中出现的薄弱环节，然后提出有效的改革计划。战略咨询是指为企业提供管理、决策、市场、预测等领域的咨询服务。生产咨询是咨询人员在深入企业生产现场的基础上，使用科学的分析方法，找出企业生产管理中存在的问题，并运用现代生产技术和管理技术，提出改进、改善、改变生产管理系统的建议和方案，帮助企业全面提高管理水平。目前，成规模的国内企业纷纷开始转变相对粗放的管理经营模式，开始认识或尝试咨询研究服务，这导致了咨询研究的渗透率不断攀升。下游客户企业数量多，咨询研究行业市场需求巨大，优质咨询公司相对议价能力较强，尤其是在细分咨询领域，优质咨询公司颇受追捧。

"十三五"期间，我国面临着经济发展升级和产业机构转型，企业对咨询研究的需求将不断增加。咨询研究业在国内正处于快速成长期，旺盛的需求、政策的利好与市场细分的深化将引领行业的发展。

最后值得强调的是，中国企业应该对管理咨询有认识的过程，在这个过程中，逐步通过管理咨询和企业管理的结合，使企业更快、更合理地发展，使中国企业能够与世界接轨和应对挑战。

数据挖掘云计算软件

云计算的出现为中小企业分析海量数据提供了廉价的解决方案，通过强大的各有千秋的分析软件来提供多样性的数据挖掘服务就是其盈利模式。比如，云计算服务中 SaaS 软件，是一种基于互联网提供软件服务的应用模式，可以提供数据挖掘、数据清洗的第三方软件和插件。这是一种随着互联网技术的发展和应用软件的成熟，在 21 世纪开始兴起的完全创新的软件应用模式，是软件科技发展的最新趋势。它集统计分析、数据挖掘和商务智能于一体，用户只需要将数据导入该平台，就可以利用该平台提供的丰富算法和模型，进行数据处理、基础统计、高级统计、数据挖掘、数据制图和结果输出等。数据由系统统一进行管理，能够区分私有和公有数据，可以保证私有数据只供持有者使用，同时支持多样数据源接入，适合分析各行各业的数据，易学好用、操作界面简易直观，普通用户稍做了解即可使用，同时也适合高端用户自己建模进行二次开发。

下面就云计算服务中 SaaS 软件及其云计算进行一番描述和分析，并提出数据挖掘云化策略——基于云计算的数据挖掘平台。该平台架构符合云计算软件即服务（SaaS）的设计理念，能极大地减少运营商、企业在数据挖掘技术上的投入并能加快其挖掘业务的推出，缩短研发周期，进一步提高产品收益。

★ 到底什么是 SaaS？

SaaS 即 Software – as – a – Service（软件即服务），是随着互联网技术的发展和应用软件的成熟，提供基于互联网的全新软件服务模式。SaaS 提供商为企业搭建信息化所需要的所有网络基础设施及软件、硬件运作平台，并负责所有的前期实施、后期维护等一系列服务，企业无须购买软硬件、建设机房、招聘 IT 人员，即可通过互联网使用信息管理系统。这种模式，对于客户而言，就像打开自来水龙头就能用水一样，企业根据实际需要，向 SaaS 提供商租赁、使用相应的软件服务。

SaaS 软件是继 C/S 架构软件（即 Client/Server，客户/服务器，用户端需要安装专用的客户端软件，企业需要部署服务器）和传统 B/S 架构软件（即 Browser/Server，浏览器/服务器，用户端需要采用浏览器，并在企业内部部署服务器）之后，为企业在线提供按需服务的软件服务模式（用户端也需要采用浏览器，但企业无须部署服务器）。由于成本的革命性降低以及使用维护的便捷，SaaS 模式的软件目前已成为软件产业的核心力量，是软件业态发展的必然趋势。

SaaS 的真正魅力体现在以下几个方面：

一是省心、省力、省钱。企业无须在硬件和 IT 人员方面进行任何投资，即可获得软件服务。使用 SaaS 软件与使用传统软件的区别，就如同拎包租住一间精装房和聘请施工队为自己修建一套住房的区别。虽然是租住相对标准化的精装房，一个优秀的平台化 SaaS 软件仍可以通过强大的配置能力，帮助企业实现更多的个性化需求。比如，北森的人才管理软件基于 Beisen Cloud 云平台搭建，能够支持企业灵活配置信息项、操作界面、流程、功能菜单、系统集成等。

二是规避建设风险。ERP 或 eHR 这样的传统企业软件，软件的部署和实施比软件本身的功能、性能更重要，万一部署失败，所有前期投入就几乎白费，这样的风险是每个企业都不希望遇到的。通常 ERP 或 eHR 项目的部署周期至少需要半年，甚至一两年或更久的时间，而 SaaS 模式的软件由于服务器等的部署都由供应商预先完成了，在客户方实施上线到投入使用最多不会超过 90 天。

三是自动升级，持续获得价值服务。在传统安装版软件模式下，企业想获取新特性一般要做升级实施，甚至要全部重新实施，这个过程往往需要支付昂贵的升级服务费（更坏的情况是，一旦企业对软件进行了二次开发，供应商可能再无法为其提供升级服务）。而使用 SaaS 软件，企业却可以永久地随时获得供应商更新的最新特性，而无须支付任何额外费用。企业甚至可以获得大数据挖掘所带来的价值和行业对标的服务。

四是数据安全更有保障。SaaS 软件因为有厂商集中统一的存储、备份、防火墙、运营监控管理和专业强大的运维团队，企业的数据安全更有保障。

五是更加稳定和高效。SaaS 软件为保证所有企业租户的稳定和高效应用，一般会采取双重集群部署，在性能的监控和技术投入上往往要远高于企业自身的投入水平，因而能够得到更稳定的性能保障。

★SaaS 软件的数据挖掘云化策略

云计算的出现既给数据挖掘带来了问题和挑战，也给数据挖掘带来新的机遇——数据挖掘技术将会出现基于云计算的新模式。如何构建基于云计算的数据挖掘平台也将是业界面临的主要问题之一，创建一个用户参与、开发技术要求不高的、快速响应的数据挖掘平台也是迫切需要解决的问题。

从业界对云计算的理解来看，云计算动态的、可伸缩的计算能力使得高效的海量数据挖掘成为可能。比如，SaaS 功能的理解和标准化，使得基于数据挖掘 SaaS 化有了技术和理论的支持，也将使得数据挖掘面向大众化和企业化。数据挖掘 SaaS 平台主要是基于云计算平台的数据挖掘服务化、挖掘算法并行化、挖掘算法组件化角度进行构建的。

基于云计算的数据挖掘平台架构采用分层的思想：首先底层支撑采用云计算平台，并使用云计算平台提供的分布存储以及分布式计算能力完成数据挖掘计算能力的并行实现；其次数据挖掘平台在设计上采用分布式、可插拔组件化思路，支持多算法部署、调度等；最后数据挖掘平台提供的算法能力采用服务的方式对外暴露，并支持不同业务系统的调用，从而较方便地实现业务系统的推荐、挖掘等相关功能需求。

基于云计算的数据挖掘平台总体上分为三层，自下向上依次为：云计算支撑平台层、数据挖掘能力层、数据挖掘云服务层。

云计算支撑平台层主要是提供分布式文件存储、数据库存储以及计算能力。中兴通讯有自主研发的云计算平台，该架构可以基于企业自主研发的云计算平台，也可以基于第三方提供的云计算平台。

数据挖掘能力层主要是提供挖掘的基础能力，包含算法服务管理、调度引起、数据并行处理框架，并提供对数据挖掘云服务层的能力支撑。该层可以支持第三方挖掘算法工具的接入，如 Weka、Mathout 等分布式算法库，同时可以提供内部的数据挖掘算法和推荐算法库。

数据挖掘云服务层主要是对外提供数据挖掘云服务，服务能力封装的接口形式可以是多样的，包括基于简单对象访问协议（SOAP）的 Webservice、HTTP、XML 或本地应用程序编程接口（API）等多种形式。云服务层也可以支持基于结构化查询语言语句的访问，并提供解析引擎，以自动调用云服务。各个业务系统可以根据数据和业务的需要调用、组装数据挖掘云服务。

基于云计算的数据挖掘平台与传统的数据挖掘系统架构相比有高可扩展性、海量数据处理能力、面向服务、硬件成本低廉等优势，可以支持大范围分布式数据挖掘的设计和应用。其中基于云计算数据挖掘平台的关键技术包括云计算技术、服务调度和服务管理技术、挖掘算法并行化技术，限于篇幅这里不做展开。

大数据咨询分析服务

机构及企业规模越大其拥有的数据量就越大，但是很少有企业像大型互联网公司那样有自己的大数据分析团队，因此必然存在一些专业型的大数据咨询公司，这些公司提供基于管理咨询的大数据建模、大数据分析、商业模式转型、市场营销策划等，有了大数据作为依据，咨询公司的结论和咨询成果更加具有说服力，这也是传统咨询公司的转型方向。比如，某国外大型 IT 研究与顾问咨询公司的副总裁在公开场合曾表示，大数据能使贵州农业节省 60% 的投入，同时增加 80% 的产出。该公司能做出这样的论断当然是基于其对贵州农业、天气、土壤等数据的日积月累以及其建模分析。

★大数据咨询公司的数据来源

一是公开信息及整理。如统计局的数据、公司自己发布的年报、其他市场机构的研究报告，或者根据公开的零散信息整理。

二是购买的数据库。市场上有很多产品化的数据库，如国外的有 Bloomberg（彭博）、OneSource（商业信息公司）、Wind（金融数据和分析工具服务商）等，这个一般是以公司的名义买的数据库，不光咨询公司还有很多高等院校及研究机构也买了。

三是公司自己的数据库。一般公司自己维护的数据库比较少，首先，专业的数据公司的服务很全面；其次，自己做数据库其实是一件很麻烦的事情。在有些数据是外界无法得到的情况下只能公司自己维护一个小型的数据库。

四是为某个项目单独做的数据需求。有时候为了单独的项目也会收集很特别的数据，如果外界实在没有但是项目上没有不行就只有自己做了，如自己发问卷之类的，但是这类数据需求要控制工作量，因为除非数据本身是交付内容之一，要不然不能因此花费太多的时间和精力。

需要特别说明的是，有些数据就是咨询公司的产品，如 HR 咨询公司的行业工资数据及著名数据库的一些数据等，这些数据的采集需要比较强的专业性或者时间积累，其他公司没法做，只能由咨询公司来做。

数据向来就是咨询公司的核心资产，建立在科学数据分析基础上的结果是咨询顾问验证观点、形成结论、提出建议的基石。显而易见，大数据时代数据对咨询公司的重要程度不言而喻，将大数据通过分析转化为业务价值的能力，将成为未来咨询公司的核心竞争力，数据成为咨询行业第一竞争要素。

★大数据咨询公司的数据应用

从大数据咨询公司的角度看，客户对于大数据业务并不关心底层技术是什么，而是看重是否能够真正地解决问题，用户体验变得非常重要。所以，大数据咨询公司的服务更多的情况是提供一套整体的解决方案，商业模式上更偏重咨询。需要前期了解客户需求，制定执行方案，进而满足客户需求。TalkingData 大数据服务公司的 CEO 崔晓波曾经说过："TalkingData 与大型客户合作不仅仅停留在项目上，其数据咨询服务已经覆盖客户其他业务，更类似于战略咨询服务。这使得 TalkingData 与大型客户的黏性更强。从大数据整个行业来看，产品很难做到 100% 标准化，做到'70% 产品 + 30% 定制化'已经是行业前列，短期内很难摆脱对人力依赖。技术不成熟、客户个性化需求是重要因素。大数据管理平台更类似传统服务器业务，一旦率先进场，会长期保持领先地位。"

由此我们可以看出，大数据并不等于积累大量的数据，也并不等于你是否用了 Hadoop（开发和运行处理大规模数据的软件平台），甚至有时候，积累大量的数据、使用很先进的技术反而可能会拖垮整个企业。所以大数据的落地需要做到：利用合理的技术，有策略地收集、有目的地加工，并与企业战略有机地结合起来。唯有如此，数据资产才能创造出更多的经济利益，其价值越高，投入成本也就越值得。

总的来说，大数据应用于咨询应该包括数据资产管理的整个流程如下：

数据资产如何梳理、数据如何治理、数据资产如何运营、技术如何应用、团队如何构建、数据如何应用以及数据商业模式如何重构等。

数据资产是企业及组织拥有或控制，能给企业及组织带来未来经济利益的数据资源。数据资产梳理包括数据的收集整理、数据质量的评估、数据孤岛的打通、数据粒度的统一、元数据管理的架构，等等。

数据治理是企业如何管理数据资产的一套完整的机制，包括指导企业数据管理的政策、规章制度、流程、工具、组织、角色和责任。数据资产治理体系的建立为企业数据资产的准确性、一致性、完整性、实时性、安全性提供了管理机制的保证。

数据资产运营是指企业对数据资产的所有权、使用权和收益权等权益及相关活动进行管理的过程，包括产权的界定、资产购置、资产处置，以及配套的评估、分析、统计、清查、监督等活动。

技术应用即技术平台的匹配，了解企业目前大数据建设的痛点，为企业的痛点进行大数据技术平台的顶层设计，技术选型，容量规划，开源/商业产品合理介入，涵盖大数据从数据收集、数据存储、数据建模、数据分析、数据变现的整个链条。

大数据团队的构建，包括角色的划分，技能的需求，和团队协同创新，为企业打造高素质的团队，才可能让大数据在企业真正地落地。特别是帮助企业通过团队落地数据思维，不再让IT团队成为一个边缘化的组织，让企业的决策有数据支撑。

数据应用是指企业如何将数据资产适当加工，为企业的管理控制和科学决策提供合理的依据，从而支持企业经营活动的开展，创造经济利益的过程。包括数据产品的可行性研究，如何与外部数据碰撞、关联，数据价值如何评估，数据变现的规模如何预估，数据变现的路径如何规划，等等，从而帮助企业建立关键指标体系，建立起数据预警机制，建立起数据支撑决策的机制。

数据商业模式重构，帮助企业重塑数据价值，重构商业模式。新的行业模式如数据租赁、数据交易、数据加工服务、数据合作等；新的投资逻辑如数据资产的静态和动态价值评估，给收购、合并、上市等提供评估手段，更好地促进金融创新、支持新的经济模式。

★大数据咨询公司如何为企业服务

大数据方案落地要先从一个战略的高度来思考企业的定位和数据变现的商业模式，然后再考虑其具体的落地战术。所谓战略，就是要选择一系列取舍后的、可以长期保持的、独特的、可相互配合的运营活动。从企业外部的环境和内部环境来看，需要综合考虑如下几个方面：

第一，外部环境方面要考虑的是大数据发展的现状和宏观趋势、行业外部可关联的数据；企业所在行业的发展现状和趋势；大数据在企业所在行业内的发展现状、行业内部可关联的数据；企业的竞争对手数据变现的现状、数据优势策略、劣势。

第二，内部环境方面要考虑的是企业具有的数据；企业的数据观念、文化、技术、团队；企业使用大数据的优势和劣势；企业具体的数据变现模式。

对具体的方案实施，还得考虑其具体的实施效果，所以必须对方案的预期效果、评估方法、存在的风险、风险应对的策略等有一个预先的设定。

这里不妨来看看 TalkingData 的咨询服务。

TalkingData 的咨询服务即用数据管理方案全方位地帮助企业收集并管理数据，解析用户偏好、分析业务指标、绘制精准用户画像。包括移动战略咨询、移动运营咨询和数据应用咨询。

移动战略咨询：主要是通过对企业整体的了解，提供移动产品战略方案，使产品最大限度上满足用户的需求，让企业在激烈的市场竞争中获得优势。

移动运营咨询：在遵从企业产品战略的基础上，通过对用户行为轨迹的采集和分析，为企业移动产品和业务优化提供具体的运营方案。

数据应用咨询：根据企业业务特点建立全方位用户画像，帮助企业量身定制营销方案、为企业赢得更多的客户，精准营销，将用户转化为消费生产力，实现数据价值变现。

政府决策咨询智库

有研究认为，93%的行为是可以预测的，如果将事件数字化、公式化、模型化，其实多么复杂的事件都是有其可以预知的规律可循，事态的发展走向是极易被预测的。由此可见，大数据的应用将不断提高政府的决策效率和决策科学性。近几年一批以建设现代化智库为导向、以服务国家发展战略为目标的智库迅速成立，中国智库数量从 2008 年的全球第 12 位跃居当前第 2位。大数据是智库的核心，没有数据，智库的预测和分析将成为无源之水。在海量信息甚至泛滥的情况下，智库要提升梳理、整合信息的能力必然需要依靠大数据分析。

《国家智库》总编辑、上海大学智库产业研究中心主任于今认为内参模式是中国智库影响政府决策最为重要的方式，因此，他提出要重点建设一批具有较大国际影响力的高端智库，重视专业化智库建设。这既指出了中国智库在发展过程中存在的问题，也为各类智库进一步发展指明了方向，提供了广阔空间。

★加强对中国古代智库模式的研究

对于智库起源，学界普遍认为智库起源于欧美。《中国智库发展报告》一书明确提出，智库起源于中国，早在春秋战国时期处于萌芽发展时期，以后历朝历代均重视智库的作用。我国古代的决策咨询制度是现代智库的源头，"稷下学宫"、"门客"、"师爷"、"幕僚"等起到了智库的作用。对内，他们凭借丰富的经验为官员出谋划策；对外，则以自己超常的智慧独当一面。这些早期智库的人员来源、社会使命与独立人格的关系、维持运转的方法、影响决策者的方式等问题需要我们进一步挖掘和研究智库之源。

★加强对智库发展模式的研究

从世界智库发展模式来看，智库是多元的，并非没有政府支持或者独立于政府才叫智库。习近平总书记指出："要统筹推进党政部门、社科院、党校行政学院、高校、军队、科技和企业、社会智库协调发展，形成定位明晰、特色鲜明、规模适度、布局合理的中国特色新型智库体系。"从中可以看出，建设中国特色新型智库不是要挤压传统官方智库的生存和发展空间，大力发展非官方智库，而是要使其多元化发展，百花齐放。

当前，我们需要认真总结已有智库取得的经验，探讨已有智库运作的体制机制，影响决策的方式以及影响力大小，通过总结经验使不为人们所知的智库浮出水面，被人们所认可。例如，并不广为人知但在国家决策中起着举足轻重作用的智库——国务院参事室，它成立于 1949 年，是具有统战性、咨询性的国务院直属机构，人员由国务院总理直接聘任。参事室作为高级智库最突出的特点就是直接向国务院提出意见和建议，特殊情况下可以以"直通车"方式向总理建言献策，影响政策制定和领导人决策。其"旋转门"作用可圈可点之处很多。这种研究人员的高规格聘请，以及影响政府决策的效果是其他智库难以达到的。同时，参事室已同 22 个国家和地区的 33 家智库建立不同形式的合作关系，在国际智库交流以及提升国家软实力方面起到了重要作用。

总之，党政、社科院、军队、参事室等智库的人员来源、结构组成、资金来源、运转机制、调研方式、政策影响力，以及国务院参事室与地方参事室参与政策制定的协同机制等，都需要我们认真总结研究。

★加强对智库地域模式的发展研究

当前，由于经济发展水平、科学教育文化、政府决策方式的差异，导致各省、市智库发展水平是不平衡的。经济社会发达地区，如北京、上海、广州，智库数量多，影响力较大。我们仍以参事室为例，除国务院参事室外，还有许多地方参事室。它们影响地方政策制定的力度越来越大。尤其是在北京、上海、广东等经济发达地区，智库已经不再满足于被动地完成本级党委、政府交办的咨询任务，而是通过更积极主动的行动影响地方重大政策的制定。

上海市参事室近年来牵头组织了长江流域 13 个省、市的政府参事就开发长江黄金水道问题展开联合调研，调研组提交的建议得到了国务院领导的重要批示，并引起交通部的高度重视。我们有必要从地域角度对智库的分布、实力、影响政策的方式以及智库同经济发展水平、政治民主化等方面的关系进行深入研究，从而总结概括我国地方智库发展的不同模式，呈现我国智库发展的地域特色。

★加强对智库影响政策决策模式的研究

智库的核心作用是影响政府决策，中国智库影响政府决策的方式是多元化的，有些影响方式并不被外人所知。这些方式可以概括为以下几种形式：

第一，内参模式。这是中国智库影响政府决策最为重要的方式。比如，新华社内参、中国侨联特聘专家委员会的《侨情专报》等。智库研究者需要研究的是政府通过什么方式和以什么标准来选拔具有内参资格的机构、目前哪些机构有资格提供内参、提供内参的方式和渠道是什么、内参的效力有多大等。

第二，科研平台。这种影响政策决策的机构主要是高校以及国家社会科学基金委员会、自然基金委员会和教育部人文社会科学项目管理部门。他们主编的《成果要报》和"国家社科基金"专刊、期刊等，将国家社科基金资助的研究成果送给政策制定者，起到了决策参考作用，东部、中部、西部改革和发展研究院首创的智库研究系列读物《国家智库》、《中国智库》、《中国智库发展报告》成为国内外了解中国智库发展的平台，为促进全面深化改革、推动经济社会持续健康发展提供了强大智力支持和理论支撑。

第三，成果发布会。智库无法从内部影响政策决策时，为了得到读者和政策制定者的关注，就需要有媒体战略和宣传战略，让智库的观点传播出去，影响政府决策。

★加强对中国政策决策体制和决策咨询制度的研究

中国特色的政策决策体系和过程孕育出了中国特色的智库。智库建设和研究不能局限于以智库来研究智库，因为智库发展受到政治体制、经济体制以及政府决策体制的影响，各个国家公共政策决策的方式差异也导致了各国智库的多样性。总结我国智库发展经验，不能忽略对我国政策决策体制和决策咨询智库进行研究。

因此，智库要突出中国特色必须将智库建设和研究与我国的民主集中制、协商民主制度、跨部门协调机制以及地方政府政策实验等模式紧密结合起来，只有将我国智库置于转型期中国政策决策体系的宏观背景中，才能凸显中国智库特色。

★加强对智库产业引领创新驱动的研究

"智库产业"概念是东部、中部、西部区域发展改革和发展研究院多年研究成果，是在国际上首次提出的概念并将其理论化，在实践方面，智库产业也走在了世界前列。智库产业是创新型知识经济的集中体现，它通过形成政府政策开放带动、参政议政的高端人才聚集推动、高端产业集聚拉动、金融市场融合互动、科研咨询创新驱动为核心产生的全智能产业链条，从而推动智库不断发展壮大，并进一步促进经济新常态的持续健康发展。世界上，几乎所有的国家都在发展智库。在目前这一战略机遇期，以智库产业为代表的创新驱动产业越来越重要。智库产业需要解决"自我造血"的问题。不论从理论还是从实践层面，我们均需要加强智库产业问题研究。

自有平台大数据分析

随着大数据的价值被各行各业逐渐认可，拥有广大客户群的大中型企业也开始开发、建设自有平台来分析大数据，并嵌入到企业内部的 ERP 系统（企业资源计划，Enterprise Resource Planning 的简称，是指建立在信息技术基础上，集信息技术与先进管理思想于一身，以系统化的管理思想，为企业员工及决策层提供决策手段的管理平台）信息流，由数据来引导企业内部决策、运营、现金流管理、市场开拓等，起到了企业内部价值链增值的作用。

在这方面，阿里巴巴的大数据分析自有平台就是一个典型例子。大数据时代，马云曾在 2012 年公开宣称"平台、数据、金融"是阿里集团和阿里小微集团未来的指导路线。在此前后，阿里巴巴的战略布局已渐次展开：2010 年，推出重要的搜索业务"一淘"，2011 年收购数据属性公司 CNZZ，接连收购友盟、入股新浪微博和高德，抢占数据源；在物流领域，阿里由天猫主导建设了与各大配送公司对接的"天网体系"，牵头成了智能骨干物流网络"菜鸟科技"，并构建物流信息数据平台。无论是洪七公（洪老师，阿里巴巴资深专家）还是车品觉（数据分析师），他们都说没有心思与精力去想太过务虚的"大数据美梦"到底如何炫目，他们更关注坚实的数据仓库和实在的应用场景。

★高速公路与跑车

2013 年阿里集团的一系列架构调整，重构了阿里数据达芬奇密码盘排序。在这些调整中，阿里云被拆分；阿里系的数据库和大规模运算资源整合为数据平台事业部，由陆兆禧亲带；同时阿里成立了虚拟组织"集团数据委员会"，车品觉出任首任会长。

王坚带领的阿里云是这套密码盘中的最底层基础，提供了最基础的运算平台。比如继云梯 1 之后，阿里自行研发的云梯 2 体系，就是建立在阿里云的"飞天"架构之上。在此之上，是数据平台事业部的七公团队。他们运营着阿里集团共享的数据仓库，阿里集团目前各业务公司产生的数据经清洗之后就存储在数据平台事业部的服务器集团上，并在这里进行大规模运算。车品觉带领的淘宝网商业智能部门在数据平台事业部之上使用数据进行分析。同时，车品觉出任会长的阿里集团数据委员会的成员们分属阿里各业务公司，他们也利用七公团队的工作成果各自进行分析。这三层架构，可以理解为阿里云是 IasS（基础设施即服务）。阿里数据平台事业部是 PaaS（平台即服务），而车品觉的团队则是 SaaS（软件即服务）。

阿里集团内的数据大多经过以下流程——比如用户在淘宝上的一个收藏动作，产生一条数据，首先在淘宝网的前端服务器上产生一条日志，这条日志随后被传送存储到洪七公团队的服务器上存储，其间经过淘宝团队的清洗，在数据平台事业部的服务器上，这条数据将再度被检查其日志格式是否正确等清洗过程，随后被编入数据库，接着与其他若干数据一同被分入分主题的数据集市。当数据委员会的分析师们进行数据挖掘时，它再度接受挑选是否被采用。

如此架构与流程正是为了更好地支撑大数据的愿景。车品觉认为，在2011年之前，阿里的数据产品还算不上大数据，大致是对现有数据的分析挖掘以及呈现。在他的认知中，大数据首先要有足够大的数据规模，同时也要有足够多的跨界维度。只有尽可能穷尽更多的维度，在相应具体应用场景下，才能做出足够精准的判断和推测。而洪七公说得则更为实在，"我们就是去解决问题，只看业务发展。我们知道数据非常重要，也希望各家公司的数据用得更好。看到更多数据关联在一起，发展出更大的价值，而不是冲着虚无缥缈的东西去的。所以，我们不关注外面说大数据就是为了解决内部数据互通"。

目前，数据业务平台已整合了阿里集团的全部数据。此外，阿里小微集团中创新金融事业部（即阿里金融）的数据也与这一平台直接相连。洪七公认为数据平台事业部成立的使命很简单，就是去做各家公司想做但现阶段没有时间或能力的事，搭平台、把数据整合在一块。"我们提供计算、存储平台，即云梯建模、定义、分析是前段品觉的团队做的。"IBM大数据业务资深人士则认为大数据概念有两层结构：上一层是人们所热议的充满科幻感的分析预测能力，它似乎为大家描绘了如何触碰一个可知可感未来的方法论；下一层则是实现这一梦想所需的处理大规模、高并发、高关联性甚至是低价值密度数据的运算能力。

车品觉做的是前者，而洪七公维护的是后者。车品觉认为，洪七公的团队是在修建高速公路，而他的团队则是在高速路上驾驶跑车。"建高速公路是一个漫长的工程，需要巨大的投入、耐心以及细致。"洪七公说，"数据平台事业部的服务器上，所保有的历史数据已超过100PB，而且已经过了清洗。"

★数据新觉醒

车品觉很推崇数据界前人提出的一段"六字真言"——对比、细分、溯源，他认为还要加上一个"趋势"。这便是从传统 BI 领域跃入"大数据时代"的关键一步。

在此之前，阿里的数据产品更多的还是呈现历史和当下的运营状况，仍是决策的辅助。而人们憧憬的大数据方法论则要求着推测未来、洞悉全局、引导决策的能力。

车品觉曾在一次非正式交流中说："大数据概念目前看来仍是忽悠。"现在他特意更正之前的说法："'忽悠'是指现在的基础，大数据的前提是拥有足够的数据、关联性，并具备相对应的运算能力和分析能力。"

除数据团队的理解更新之外，阿里集团整体的姿态也决定了数据作为的新方向。令车品觉印象深刻的是，2011 年，时任阿里集团首席人力官、支付宝 CEO 的彭蕾（现任阿里小微集团 CEO）对他说："数据团队要尝试着从数据化运营转向运营数据。"这成为阿里系数据系统跃升的一个重要触发机制。车品觉认为"运营数据"已是大数据的方向。

阿里的数据平台已搭建好，如何成为一家彻底的数据公司，如何在内外部提供数据价值，成为新的攻坚战。阿里集团已然布局深远、行动频频。

早在 2005 年，马云就曾在国际交流中说："阿里巴巴的交易数据都保存完整，早晚有一天会派上大用场。"马云谋划的是在交易平台同位的庞大数据平台，作为信息流的精华部门，它与物流、现金流结合，构建成完整闭环且不断外扩的生态体系。在提供内部数据决策支撑之外，甚至会形成数据的交易平台。

举个例子你便知阿里的数据分量。2013 年大淘宝系交易额已超过万亿元，足有一个省 GDP 的分量，而阿里庞大生态中实时地展现出宏观经济走势，阿里研究院每个月都会接待好几波需要数据各级政府。不少政府官员也前来向车品觉咨询大数据在公共行政管理中的应用方法。

宏大愿景之下，车品觉认为今天的阿里数据团队态势严峻。"我们有很多困难要解决，数据质量和安全是今年的重头戏，制定范式我们还有很多工作要做，此外，更严峻的新课题是如何让数据落地，在公司具体场景中帮业务、产品做得更好。"具体而言，他深感原先做得还远远不足，已经做出来的"黄金策"、"无量神针"等还不够用，不能太高估用户对数据的敏感度。"可视化很重要，相关性很重要"。这使得他们在加紧阿里内部数据的挖掘、关联力度，为数据分析、预判找出更多可靠的参考维度。车品觉团队的数据研究广度开始从淘宝体系诞生涉及整个阿里体系，同时他们也开始考虑对阿里外部提供数据工具。

车品觉曾说，数据团队应该是 CEO 直属的战略级团队。之前有不少大互联网公司前来向他讨教，但一被问及"数据团队应该是运营团队还是技术团队"时便深感对方完全走错了路。而如今，他也坦言，CEO 等管理层的注视让他们逐步感到压力。"马云最厉害的是知道数据要耐心养"，但高层们频频布局数据、问及数据落地时，他感觉到团队有非常大的责任，"不能再只是讲故事了，我们到时候必须亮剑了"，"现在做的事并非是今年要毕其功于一役，但我们要打开局面做出良性循环"，"只有数据证明了自己的价值，才能够让人们信任、支持，持续投入，届时阿里才能成为一家数据公司"。车品觉团队今年让数据产生商业价值的意愿变得空前强烈。他们在积极、主动地寻找机会，站在商业场景合作伙伴的前面，提供足以改进并指导决策的数据方案——数据产品提供的都是诊断辅助，而现在是让数据去引导决策。

这一行动已有成果出现。车品觉团队中的一位数据科学家杨滔牵头为聚划算设计了一套预测报名商品能否成为爆款的数据工具嵌入了这家公司的系统。这款产品参考 60 多个变量，输出商品是否爆款、最终销量、库存等数个关键预判数据，并直接作为商品是否能参与活动的判断标准。据分析，这一产品目前预测的准确度已达到 80% 以上。这很大程度上解决了阿里的管理决策困境。

而整个阿里系业务中，最为炫目就是阿里金融的小贷业务。这是一项典型的大数据成功应用，阿里金融的数据团队设计的模型综合淘宝上产生的信用记录、成交数额等结构化数据，以及用户评论等非结构化数据，加上外部采集的用电量、银行信贷等数据，可以精准决策是否放贷和放贷额度，其贷款不良率仅为 0.78%，堪称业内最低。

目前，阿里数据分析团队用得最多的是阿里内部的数据，因为仅仅这些数据他们还远没有挖掘完。但阿里的数据支撑团队已又一次提前开始为他们修路，为他们准备更多维度的外部数据。据阿里数据员工透露，洪七公的团队已开始接入高德等阿里投资公司的外部信息。此外，阿里云和平台数据事业部还在致力于为底层技术和运算能力给予新的支撑。

在给予 Hadoop 的"云梯 1"之后，阿里又自行开发出了新的基于"飞天"体系的"云梯 2"平台，成为业界除谷歌之外，几乎仅有的自行开发底层分布式计算系统的互联网公司。目前，阿里金融、阿里数据科学家团队和数据平台事业部旗下的数据产品部都跑在"云梯 2"上，这一系统更为突出实时运算能力。此前的"淘宝时光机"多是离线运算，而"淘宝指数"则跑在实时平台上。

阿里集中了目前大数据领域中国内最多的数据、资源、人才，阿里的团队以及相关数据业务部门同僚都深感责任重大。

大数据投资工具

2002 年，诺贝尔经济学奖授予了行为经济学家卡尼曼和实验经济学家史密斯，行为经济学开始被主流经济学所接受，行为金融理论将心理学尤其是行为科学理论融入金融中。现实生活中拥有大量用户数据的互联网公司将其论坛、博客、新闻报道、文章、网民用户情绪、投资行为与股票行情对接，研究的是互联网的行为数据，关注热点及市场情绪，动态调整投资组合，开发出大数据投资工具，如大数据类基金等。这些投资工具直接将大数据转化为投资理财产品。

★大数据类基金及其价值

大数据类基金近几年非常活跃，在 A 股市场持续聚焦"互联网＋"的同时，与之密切相关的"大数据"也成为基金投资的新热点。比如，2015 年 4 月 22 日，基于新浪财经"大数据"的南方 i100 指数基金正式发售，出现了首日售罄的情形。数据显示，当日认购总金额超过 35.86 亿元，最终配售比例仅为 27.88%。作为首款电商"大数据"指数基金，2015 年 5 月 4 日成立的博时中证淘金大数据 100 指数基金则创下 40.75 亿元的首募规模。基金投资者对于"大数据"的热情可见一斑。业内人士分析，在股民与网民群体重合度不断提高的背景下，财经"大数据"往往能更精准地体现投资者情绪和市场热点。相较"调研＋财报"的传统投资决策模式，基于"大数据"的投资决策速度更快，预判性也更强。

市场对于"大数据"这一新工具给予的高度关注，也促使"大数据"基金稳步扩容。i300 指数基金就是又一个例子。i300 指数由南方基金、新浪财经和深圳证券信息公司联合推出，通过对新浪财经"大数据"进行定性与定量分析，同时考量股票基本面与市场驱动情况，选出综合排名靠前的 300 只股票组成指数样本股。与偏重于成长股的 i100 指数相比，偏重于价值股的 i300 指数流通市值更大。数据显示，截至 2015 年 6 月 3 日，i300 指数年内累计上涨 53.63%，跑赢同期上证综指、沪深 300 指数 51.79%、45.55% 的涨幅。

植入了互联网大数据之后，这些指数将以往难以触摸的市场情绪量化并加以表达，而它们究竟能为投资加分多少？大数据背后又有哪些秘密？

第一，超额收益来自三大数据"化学反应"。一位炒股达人在朋友聚会上顺口推荐了几只股票，他的平时也买点股票的朋友，事后想起不免先打开百度搜索，将这几只股票研究一番。这位炒股达人可能没有想到，自己的这一举动有可能触发"蝴蝶效应"，甚至影响到某只股票、某只基金的涨跌。

"当投资者面对市场海量信息的时候，其关注度就是一个稀缺资源。"广发基金百发 100 研发人员季峰说，百发 100 对互联网大数据的应用实际上就是基于金融学上"有限关注度"的理论。具体来讲，只有先发生了投资者的有限关注，才会有相应的网络搜索行为，这种大数据更为直接和精确地反映了投资者对具体某只股票的关注程度。

但是，单靠互联网大数据很难获得超额收益。在百发 100 之前，研究团队曾经试着单纯用大数据做了一个类似的指数产品，但这只指数产品表现并不好，历史模拟收益跟沪深 300 指数的收益基本持平，意义不大。"要真正获得超额收益，还需要加入其他两类量化产品常用的数据，它们三者产生的'化学作用'让我们感到惊讶。"季峰说，该模型除了运用百度提供的用户搜索和行为数据指标之外，还融入了八个财务指标的财务因子、动量因子和动量反转策略两大数据，将这三大数据输入到 BFS 模型，筛选出 100 只基本面好、成长空间良好，能反映未来一个月内市场行业轮动热点的股票。简言之，就是把投资者决策行为的前半部分和后半部分的数据相结合。

这三大数据的"化学反应"结果如何呢？从历史数据看，百发 100 指数自发布以来表现不俗。累计收益方面，百发 100 自 2009 年以来已经取得了545%（截至 2014 年 6 月 30 日）的收益，远高于同期沪深 300 指数 19% 的收益，更高于上证综指的 12%，也远胜全市场业绩基准中证全指 56% 的累计收益。此外，截至 2014 年 9 月 24 日，百发 100 指数一年以来涨幅已达 47.42%。

同样含着大数据"金钥匙"出身的还有大数据策略指数 i100 和 i300，该指数的亮点是南方基金与新浪财经合作，运用新浪财经在大数据方面的优势，分析当下市场中投资者关注的热点和焦点，之后结合财务因子和市场驱动因子，通过量化模型进行优化。从历史数据上看，这两只指数表现同样大幅超越大盘，2010 年 1 月 29 日至 2014 年 9 月 12 日，i300 涨幅超过 180%，i100涨幅超过 290%，同期沪深 300 指数下跌了近 24%。此外，i100 2014 年累计上涨了 35.56%。

第二，散户市场大数据或许更有效。目前海外对搜索数据在资本市场的实战应用，尚无典型案例可供参考，但基于互联网搜索数据的社会经济行为预测研究，已逐渐成为一个新的学术热点。在资本市场应用研究上，海外就有学术研究指出，公司的名称或相关关键词的搜索量，与该公司的股票交易量正相关。现在国内公募基金在某些方面并不比国外落后。而将互联网大数据运用到投资上，国内的数据可能会比海外更有效。

事实上，不管是百度还是新浪财经的互联网金融大数据，从某种意义上看都是度量投资者情绪的量化方法之一，可用它反映投资者的投资意愿或预期。而开发这类指数的机构认为投资者情绪在 A 股证券定价中具有重要作用。

由于 A 股当前仍然是一个以散户为主体的市场，个人投资者较多，而个人投资者在做投资决策之前会更多地运用搜索引擎这类工具去查找资料，因此，互联网上的投资者行为数据更能反映大部分投资者的情绪。

市场情绪在近几年也逐渐发展为投资工具。那么，大数据投资工具在市场情绪方面是如何操作变现的？这里不妨来看一个例子。

2014 年 9 月，国内比特币行业出现的第一家以大数据为卖点的网站——币富网，是全球数字货币行业首家提供专业数据分析和投资建议的网站。币富网创始人潘国力通过长期对比特币行业的观察和对社区相关社会媒体的数据进行跟踪研究，根据一定算法总结出与比特币价格有较强相关性的"社会化情绪指数"。

比特币行业中，通过技术指标分析指导用户投资交易的不在少数，而社会化情绪指数跟传统的技术指标有着本质区别：情绪指数的计算完全不直接引用价格相关的数据（如开盘、收盘价，最高、最低价以及成交量等），而是通过对社交媒体产生的各种数据进行实时统计分析，从而得出一定的数值。虽然计算的过程不涉及价格的任何数据，但是却和价格保持了较强的相关性。由于部分交易平台存在用户或者机器人刷交易量的情况，依赖成交量的传统

"技术指标"往往会失真，并不能很好地反映市场实际情况。相较而言，"靠数据说话"成了币富网最大的卖点。

币富网提供给用户的数据通过三个维度来区分：新鲜度、精确度和更新频率。根据提供数据精度不同，划分为四个等级，分别提供精度为一周、15~60分钟、5分钟更新一次的数据，以及高精度实时更新的数据。不同时间周期的数据有效期是不一样的，时间周期越短，有效期也越短。如果要判断未来几个小时的币价，你可能重点观察5分钟和15分钟的情绪值；如果是炒币高手，专注超级短线操作，那么就要时刻盯着1分钟和3分钟的情绪值。

★实现大数据投资价值的三大要点

要实现大数据投资的价值，必须把握以下三个要点：

第一，制定正确的度量。当大部分公司宣扬其实施大数据的能力时，已经表明他们从这些大量投资中得到商业价值。很多公司高管们认为，高度发展度量的缺失是因为大数据实现的功能相对还不够成熟，以及大数据起源的组织赞助的功能和目前报道得不够完善。对首席经济官提供权威数据报告的机构，很可能起初就发明了准确的财政衡量方法。

另一个测试大数据计划有效性的问题已变成预计成本和分红的难题。大数据给企业带来的快捷方便被大家称赞，因为其在迭代过程中也能加载数据、确定关系和模式，并加载更多高度指示性的数据。通过这种方法，企业可以在试验和错误中学习一些对企业自身发展有用的经验。这就给早期测量带来了挑战，因为大多数企业开始都会在大数据环境下不断地犯错并纠正以适应其真正的需求。由于不成熟的流程和效率的低下，时间和精力的初始投资有时会大于预期。

第二，识别创新的机会。创新仍然是大数据的承诺源。创新的速度和灵活性使得其自身去探索，比如生命科学研发和金融服务行业的目标市场营销活动。大数据的成功故事，使得创新在这一阶段保持相对较少。到目前为止，大多数大数据都包含节约经营成本或者允许更大的和更多样化的数据采集分析。比如，金融公司已经可以通过处理客户七年的信用交易来提高信用风险，并用一年的时间来加强信贷能力，以获得更大的信用精度和更低的信用风险。

然而，这些仍然是后台业务，他们没有改变客户体验或者破坏传统的商业方式。一些前瞻性的金融服务公司已经承诺资助建立大数据实验室及大数据中心，在这些类似的投资中，行业内的一些公司将从中受益。但是，光提供资金是不够的，大数据的创新还需要勇气和想象力。

第三，做好文化和商业变化的准备。虽然一些大公司已经投资优化了现有的基础设施以匹配大数据提供的成本效益，但是新的工具和方法正在替代整个数据系统。随着统计技术及 Hadoop 的广泛应用，数据管理和分析的传统方法将会被这些新技术淘汰。

大多数公司面临的大数据的挑战都与人有关，而非技术。所以说，公司必须从长远考虑，企业若不改变文化，将不可能成功利用大数据。

定向采购线上交易平台

数据分析结果很多时候是其他行业的业务基础，国内目前对实体经济的电子商务化已经做到了 B2C、C2C、B2B 等，甚至目前 O2O 也越来越流行，但是对于数据这种虚拟商品而言，目前还没有具体的线上交易平台。比如，服装制造企业针对某个省份的市场，需要该市场客户的身高、体重的中位数和平均数数据，那么医院体检部门、专业体检机构就是这些数据的供给方。通过获取这些数据，服装企业可以开展精细化生产，以更低的成本生产出贴合市场需求的服装。假想一下，如果有这样一个"大数据定向采购平台"，就像淘宝购物一样，既可以发起买方需求，也可以推出卖方产品，通过这样的模式，外加第三方支付平台，"数据分析结论"这种商品就会悄然而生，这种商品不占用物流资源、不污染环境、快速响应，但是却有"供"和"需"双方巨大的市场。而且通过这种平台可以保障基础数据安全，大数据定向采购服务平台交易的不是底层的基础数据，而是通过清洗建模出来的数据结果。所有卖方、买方都要实名认证，建立诚信档案机制并与国家信用体系联通。

★ 线上定向采购流程及优势

定向采购产品方面包括产品、型号、单价、数量。

线上定向采购一般流程：制订采购计划→确定采购方向→确定采购价格等→签订采购合同→到货验收→入库→结算。

线上定向采购省去了客户自己去采购验货验证等前期工作，网上定向采购直接去厂家拿货省去了库存商场租赁等费用，一种新的消费模式，也是未来的一种主导消费模式。

★ 企业传统采购管理的创新

面对大数据时代的到来，多数企业的采购管理还停留在构建管理流程信息化这一简单做法上。虽然一些企业的采购管理信息化程度已经很高，但仍只是做到了将采购管理要素数据化，并没有享受到数据分析的红利。那么，企业的传统采购管理，该如何创造高效的新途径呢？

第一，树立一切皆数据的理念。将传统化的信息录入进行平台化的数据分析，不仅可以实现许多以往无法实现的管理目标，使决策者从不关心数据到关心数据，再到提出需求。当单一系统的数据分析不能满足企业需求的时候，大规模的数据分析系统的建设就顺理成章。

第二，应用大数据提高采购全流程管理水平。挖掘在采购计划管理、采购成本控制、采购质量管理、采购进度管理、供应商管理等全流程中产生的大数据，分析这些采购数据的潜在价值，将成为公司采购业务的核心资产和主要管理工具，日益积累的采购信息化基础数据为大数据分析提供了强有力的支撑。

中小企业基于大数据的采购模式的实现，可以使采购管理持续优化、采购业务全流程在线监管、定向实施采购管理措施和服务等管理目标的提升。基于中国中小企业的数量众多和社会作用巨大，我们可以预言：谁可以用互联网的方式，以共享经济为利润基础，提供一个智能化的采购数据分析平台，谁就将改变中国的采购管理模式。

数据征信评价机构

在国家将公民信息保护纳入刑法范围之前，公民个人信息经常被明码标价公开出售，并且形成了一个"灰色产业"。为此，2009 年 2 月 28 日通过的《刑法修正案（七）》中新增了出售、非法提供公民个人信息罪，非法获取公民个人信息罪。该法条中特指国家机关或者金融、电信、交通、教育、医疗等单位的工作人员，不得将公民个人信息出售或非法提供给他人。而公民的信息在各种考试中介机构、房产中介、钓鱼网站、网站论坛依然在出售，诈骗电话、骚扰电话、推销电话在增加运营商话务量的同时也在破坏整个社会的信用体系和公民的安全感。

虽然数据交易之前是交易所规定的经过数据清洗的数据，但是交易所员工从本质上是无法监控全国海量的数据的。数据清洗只是对不符合格式要求的数据进行清洗，主要有不完整的数据、错误的数据、重复的数据三大类。因此，建立数据征信评价机构是非常有必要的，将数据征信纳入企业及个人征信系统，作为全国征信系统的一部分，避免黑市交易变成市场的正常行为。

作为大数据下的一种商业变现模式，数据征信评价机构的盈利模式是什么样的？下面我们就来看看。

★征信及征信机构

征信，是指按一定规则合法采集企业、个人的信用信息，加工整理形成企业、个人的信用报告等征信产品，有偿提供给经济活动中的贷款方、赊销方、招标方、出租方、保险方等有合法需求的信息使用者，为其了解交易对方的信用状况提供便利。

征信产业链由上游的数据生产者、中游的征信机构及下游的征信信息使用者三者构成。其中，中游的征信机构主要负责数据收集、数据加工处理及销售产品，其核心竞争力则在于数据源完整度，数据覆盖人群完整性以及数据的分析能力。

征信机构的工作其第一环节是数据收集，其来源比较广泛，不仅有其自身收集的数据，同时也会向第三方数据公司购买数据，丰富数据的维度，有利于征信机构更加全面地掌握信用状况；第二环节是对数据进行标准化处理，如美国信用局协会制定的用于个人征信业务的统一标准数据报告格式和标准数据采集格式；第三环节是对海量数据进行处理，进而形成信用产品，包括评分、报告等，最后提供一些征信级的解决方案。

★征信公司的盈利模式

征信业务收入由基础征信服务收入和信用衍生服务收入构成。

基础征信服务收入：征信机构出售信用报告、提供信用评分取得的收入（美国三大信用局的征信报告一份是 30 美元左右，国内央行征信中心对个人查询本人信用报告收费为第 3 次及以上每次收取 25 元服务费），应用场景主要集中在金融领域。

信用衍生服务收入：征信机构在信用评估的基础上，对外提供的决策分析服务、精准营销服务和消费者客户服务等取得的收入。

基础征信服务和信用衍生服务收入比例与征信行业发展水平有关。征信行业发展水平越高，信用体系越完善，信用衍生服务越发达。美国征信业的发展经验表明，成熟市场个人征信机构的基础征信服务和信用衍生服务收入基本相当，美国的 Experian 收入结构中，基础征信服务收入占比 48%，信用衍生服务收入占比 52%。

参考美国市场化主导的征信体系，我们看到经过长时间充分竞争，最终在个人征信领域，益百利（Experian）、艾可菲（Equifax）和全联（TransUnion）成为美国最主要的三家征信机构，其中益百利、艾可菲 2011 年以来营业净利率平均为 15% 左右。

必须指出的是，我国 2013 年才刚刚踏入征信行业，在互联网金融的倒逼下，正在变成风口行业，也因此成为各方夺利的中心。作为金融行业中最核心的征信、风控，未来将成为行业的基础支撑。除了征信评价机构之外，未来国家公共安全部门也许会成立数据安全局，纳入网络警察范畴，重点打击侵犯企业商业秘密、将公民隐私的基础数据进行贩卖的行为。

参考文献

［1］陈瑜.消费资本论［M］.中国统计出版社，2005.

［2］于今.智库蓝皮书：中国智库发展报告·智库产业的体系构建
（2012）［M］.红旗出版社，2013.

［3］［美］威廉·庞德斯通.无价：洞悉大众心理玩转价格游戏［M］.
闻佳译.华文出版社，2011.

［4］［加拿大］马歇尔·麦克卢汉.理解媒介［M］.何道宽译.商务印
书馆，2000.

［5］［奥地利］维克托·迈尔－舍恩伯格.大数据时代［M］.盛扬燕，
周涛译.浙江人民出版社，2013.

后　记

　　大消费时代，"90 后"、"00 后"成为消费主力，人们的消费习惯变了，消费渠道变了……一切有关消费的形式和内容都变了，如何变革商业模式，以应对这样的变化？笔者认为，变革商业模式，必须要有哲学观作为指导。

　　商业模式变革的哲学观旨在强调"一切从实际出发"，建立起与消费形式和内容相匹配的、新型商业模式，这是商业模式变革的奥妙和精髓所在。具体来说，一个企业是否采用某种新科技、新名词、新花样都不重要，有没有从消费行为转向消费资源，并占有消费资源，实现企业和用户价值的提升，才是衡量商业模式变革是否成功的关键。

　　随着经济的发展，消费的升级，固守的观念和方法都无法适用于现在的企业发展。要让商业模式变革与创新紧跟大消费时代的脚步，必须建立起占有消费资源，实现企业和用户价值提升的哲学观。